2024 龍年
開財運
賺大錢

奇門遁甲易經論股鎖定最佳獲利點

奇門基因風水造吉財運滾滾來

易經理財專家
陶文

翻轉生命，開財運賺大錢

如果人生可以回到10年前，
你會如何重新開始自己的人生？
如果人生可以為未來20年布局，
你想成就什麼樣的生命？
冥王星在2024年過宮，
啟動未來20年不一樣的冥王世界。
三元風水2024年進入9離運，
啟動未來20年不一樣的元運能量。
人生能有幾個20年？
2024是個很特殊、很特殊的一年！
冥王星+九離運＝人生大蛻變
提供了營造20年新生命的機會

邀請你——
一起掌握機會，一起翻轉生命，一起造化人生。

陶文祝福
龍年開財運賺大錢

目錄

新春開財運行事曆

奇門遁甲易經論股

【國運經濟與台股趨勢】謹慎理財，國際社會避開無謂的衝突

奇門基因風水

【奇門基因風水總論】「九運」開始的第一年，布置
**　　　　　　　　　　旺 20 年的元運風水**

奇門基因12生肖

【生肖運勢總論】「重啟人生」成為了 2024 甲辰龍年 特殊寫照

東方古星座

【星座運勢總論】突破性的震盪，未來是創意無限的年代

甲辰年

新春開財運行事曆

新春奇門基因，
造吉開運

　　你正在計畫轉型或轉變嗎？還是你被逼著不得不改變？不論是哪一種，在後疫情時代的2024甲辰龍年，都要加緊腳步，因為這是個非變不可的一年。而「神龍見首不見尾」也在說明，這將會是個千變萬化的流年，你準備好了嗎？

　　甲辰太歲星的干支組合是天干「甲木」剋地支「辰土」，雖然呈現天干剋地支的不協調狀態，不過卻符合樹木生長在泥土上的自然現象。可惜的是，由於太歲「甲木」是棵參天大樹，需要的泥土並不是溼潤鬆軟的「辰土」，而是可以提供樹根牢固，樹木穩健生長強壯的厚實大地之土。此種現象說明，在2024年強者恆強的定律將會被打破，代表在過去很強的企業，以及成長快速的後起之秀，將會發覺後繼力道不如預期的現象。此種現象已經在過年之前就開始預演，那就是「華為」的王子復仇記，蘋果股價短短5天就下跌超過3％。

　　甲木太歲每10年出現一次，上一次是2014的甲午年。風水輪流轉，三元風水九運的20年元運，將會從2024年開始，而此種現象180年才出現一次。冥王星進入寶瓶座展開20年的寶瓶世紀，而這種天文現象則是480年才出現一次。這麼多的轉變現象集中在2024年發生，肯定不會是巧合，而是宇宙提供了超級蛻變的機會與能量，不論你是想變，還是被迫不得不改變，2024甲辰龍年都會是蛻變成為美麗蝴蝶的一年，讓我們一起轉變。

甲辰龍年在天候上最需要提防潦害，水氣雖然不明顯，不過水氣與「辰土」融合下反而容易造成大地的傷害，土石流之害就不可不防。社會現象則是人人都想有所發展，許多新產業如雨後春筍紛紛冒出頭，然而就是不容易找到明確的方向，因此計畫與設妥目標十分重要，再加上要有隨時修正的本事與空間。人際關係也會是2024年的課題，與其獨善其身，不如兼善天下，合作借力使力成為了今年成功的要件，別讓太歲「甲木」孤獨奮鬥。不過合作的遊戲規則務必清楚，只因為「三碧祿存星」主事，千萬別讓「事業成功了，但財務吃緊了」，妥善理財十分重要。

◯ 甲辰龍年奇門基因風水方位旺運祕訣

太歲方：（也是病符方）

甲辰龍年太歲星是「辰龍」，地支的「辰次位置」就在「東南方」，而這個位置就是2024甲辰龍年的「太歲方」。「太歲星」是一年的主君自然不可冒犯，因此同樣屬龍的生肖就成為了2024年「犯太歲」的生肖，最為理想的化解方式就是老老實實「安太歲」。

不過有意思的是，老祖先流傳著一個說法，那就是「太歲可坐不可向」，說的就是可以「坐太歲」，亦即坐在東南方，卻不宜坐在西北方，因為西北方就是「沖太歲」的地方（請參考「歲破方」）。換言之，「太歲方」是一年氣勢最強的地方，因此「坐太歲」就等於藉助太歲的能量，只不過「伴君如伴虎」，再加上「太歲當頭坐，無災恐有禍」，因此並不適合直接坐在「太歲方」，而是布局「太歲方」的風水，讓家庭和辦公室可以因此而興旺。

布局「太歲方」的方式就是「合太歲」，將「歲合星」擺放在居家和辦公室的東南方。甲辰龍年的「太歲星」是「辰龍」，「歲合星」就是「酉雞」，因此在東南方擺放「金雞報喜」的雕飾或懸掛圖騰。材質可以用黃金、銅或白色水晶，以及黑曜石貔貅或神龍龜，搭配「文昌塔燈」更為理想。

　　2024年的東南方，除了有「太歲星」之外，同時也是流年「病符星」飛臨的地方，因此需要執行「化病為祥」的風水布局，除了化解「病符星」厄勢力之外，同時也讓太歲星的正能量可以發揮，那就是擺放「帝王水」和特製「小羅盤」化煞為權。辦公室則在辦公桌上正前方或右邊擺放「帝王水」，可以用威士忌或喝水的玻璃杯，底部擺放一個圓盤承接「帝王水」溢出來的結晶。

　　值得一提的是，「太歲方」不宜動土，東南方或是坐東南向西北的屋宅，2024甲辰龍年忌諱大興土木，因為「太歲頭上動土」的結果，容易招惹莫名疾病、損財敗業與家人夥伴失和的厄運。

歲煞方：（也是太歲陽貴方）

　　「歲煞星」是顆凶星，是「流年太歲」匯聚三方四正晦氣的星曜，由於不容易察覺因此經常會「沒事就沒事，有事就是大事」的方式呈現，不可不防。

　　「歲煞星」隨著每一次流年而轉變，2024甲辰龍年的歲煞星是「未」，屬羊的生肖需要的不只是安太歲，還有化煞為權的風水布局，以及「歲煞星」五行屬土，因此需要「金」的五行轉化，因此屬羊的朋友們2024年的必須色系是白色、金色，隨身配戴銀器、龍銀、白瑪瑙花生等。

　　「歲煞位」則是「歲煞星」飛臨的地方，甲辰龍年的「歲煞星」

是「未」，「未」在西南方，因此甲辰龍年的「歲煞位」在西南方。在「三方四正」中西南在南方的範疇，因此甲辰龍年「大利東西，不利南北」。「歲煞星」凶性極強，因此一定要得到化解。「歲煞方」宜靜不宜動，動則發凶，因此大忌修造動土。年長或體弱家人的臥室最好避開此方，辦公室的重要部門最好不要設在「歲煞方」，如果無法搬遷則需要布化解風水局。

既然「歲煞星」五行屬土，需要「金」的元素轉化，因此2024年的西南方宜以白色系列布局，再加上擺放「帝王水」就有機會化煞為權，也可以擺放白色花瓶、大象、彌勒佛、白色水晶、瑪瑙等。最為理想的化煞神器是經過特殊設計的「小羅盤」，讓整個西南方的空間充滿轉化氣息，「化煞為權」的效應才容易真正發生。

歲破方：（也是文昌位）

「歲破」就是「沖太歲」。甲辰龍年的「太歲星」在東南方，於是與「太歲星」180度相望的西北方，就成為了與「太歲星」相沖的地方，也就是2024年的「歲破方」。太歲可坐不可向，因為「向太歲」就是和「太歲星」對峙，同樣也會是「無災恐有禍」。

年長或體弱的家人的房間最好避開「歲破方」，而辦公室與商店的重要位置，如主管座位、收銀台、財務部門，也最好避開「歲破方」，如無法搬遷則務必做好化解「歲破」的風水局。由於2024甲辰龍年的西北方，也是流年「文昌星」飛臨的地方，風水布局之後不但化解了「歲破」厄勢力，同時也提升了「文昌星」的正能量。

最為理想的風水元素就是「黃金百合」，在西北方插「黃金百合」具有化煞為權的神效，只要一枝即可，只為了締造「一四同宮」的飛星神效。市面販售的「黃金百合」一束有五枝，其餘的四枝則插

在東北方。另外，可以擺放經過特殊設計的「開運化煞小羅盤」，轉化「歲破」之煞氣，提升「文昌」吉氣。

　　同樣需要提醒的是，「歲破方」和「太歲方」一樣都不宜動土，否則極容易觸犯小人危害、事業名聲招損、勞而無功和影響男主人或是主事者的健康。

文昌位：

　　文昌星是文財神，文昌位布局好風水，提升的不只是功名，還有利祿。在風水學術中文昌位有兩處，一個是流年「九星文昌位」，另一個是流年「太歲文昌位」，這兩處都需要用心布局，因為可以同時啟動兩種不同面向的旺運能量。

　　2024甲辰龍年的「四綠文昌星」飛臨西北方，和西北方的「六白武曲星」產生了「合十」的圓滿現象，因此西北方雖然是「歲破方」，但也是2024年的「合十旺方」。也因為如此，出現了「花好月不圓」的遺憾現象，此種現象一般會用「陰陽水」化解，不過由於目前元運中的西北方不可置水，因此可以擺放黑曜石擺件，一對神龍龜是理想的化煞為祥的聖品。

　　2024甲辰太歲的文昌位在東南偏南的位置，由於正巧是「病符星」飛臨的位置，同時也與「太歲星」同宮，因此最為理想的化解方式就是擺放「帝王水」，一旦轉化成功，不但可以「化病為祥」，同時可以提升人緣磁場，並且旺家宅與田產。另外建議點一盞白色的燈，可以是檯燈、立燈與文昌塔燈，既化煞，又旺人緣和財源。

新春開運祕笈

● 步驟①除殘：（接「天心」開運法）

舊的不去，新的不來。每一年歲末年終的「除舊布新」十分受到重視，只因為所有的人都希望接到新年新氣象，在許多廟宇也都設有「送窮」和「迎富」的儀式，唯有先將負面能量清空，正向好運氣才能夠迎接進來，和台灣諺語「大拼厝，才會大富貴」十分吻合。此種迎接新年新氣象的「除舊布新」，在風水學上稱之為「除殘」。

2024年的「除殘」和往年截然不同，也必須用心用力執行。只因為除去的是過去20年「八運」的塵埃，迎接未來的「九運」旺20年。因此今年的「除殘」日辰絕對不可馬虎，除了選對日辰，同時也需要配合「奇門遁甲」的修除神力，達到徹底除舊，擴大迎新的空間。既然「除殘」的前提是「除去塵埃」，那麼最好選擇「十二建除日」中的「破日」和「除日」，再加上「奇門遁甲」的「休門」。

溫馨提醒：大掃除就像開工，選對吉日開始進行，就可以在往後的日子裡逐步完成，重點在於啟動的日子。

絕佳「除殘」日期分別如下：

1. **陽曆1月20日星期六（臘月初十日）破日。**這一天22：07交「大寒」中氣。

   (1)「子時」（23點15分至0點），方位從「正北方」開始。（雙

破，除舊力量更強）。

(2)「未時」（13點15分至14點45分），從「正東方」開始。

2. **陽曆1月27日星期六（臘月十七日）「除日」，是最好祛除晦氣的**
   日子，除舊的效果更加理想，而布新的能量也會更強大。

   時間：「申時」爲佳（15點15分至16點45分）。方位從「正北
   方」開始。

3. **陽曆2月1日星期四（臘月廿二日），「破日」。**

   時間：「巳時」（9點15分至10點45分），方位從「正東方」開
   始。還有「未時」（13點15分至14點45分），方位從「正北方」
   開始。

4. **陽曆2月4日星期日（臘月廿五日），這一天不是「除日」，也不**
   是「破日」，而是「立春」。由於「立春」代表一年的開始，因此
   對於除舊後迎接新年，具有強大的意義。

   (1)時間：「辰時」（7點15分至8點45分），方位從「正南方」開
   始。

   (2)時間：「巳時」（9點15分至10點45分），方位從「東南方」開
   始。

◘ 步驟②送神：

　　送神就是恭送家中祭拜的神明回返天庭述職，早期的「送神」，
指的是送「灶神」。在臘月廿四日將「灶神」送上天述職，時代變遷
現在的「送神」成爲了「送百神上天」。其實，有安太歲的人，也需
要到廟宇「謝太歲」。

　　「送神早，接神晚」因此習俗上的送神日與時間，通常會在臘月

廿四日的清晨，甚至於「早子時」（0點至1點）。因爲送了神，才方便百無禁忌執行清掃事務。「送神」儀式需要準備鮮花、發糕（蛋糕）、糖果（麥芽糖最好）、牛軋糖（圓形爲佳，財源廣進），拜拜金紙可請教金紙店老闆，不過請務必另外添購「天馬金」和「甲馬」，爲神明備妥交通工具以便「送佛送上天」。

吉利時間：

日期：陽曆2月3日星期六，陰曆臘月廿四日。

時間：除了子時（0點18分），還有午時（11點15分至12點45分）。

溫馨提醒：這一天的「巳時」請前往當初安太歲的廟宇「謝太歲」，感謝「太歲星」一年來的照顧，並且在廟宇進行「送太歲」的儀式（或在居家附近廟宇也可以）。

吉利時間：

1. 日期：2月3日星期六。時間：午時（11點15分至12點45分）。
2. 日期：2月4日星期日。時間：巳時（9點15分至10點45分）。

◻ 步驟③清魨：

　　送神之後才可以清魨。

　　將神龕上神明與祖先的香爐請下，佛龕清掃一番，再將香爐內的香灰用磁湯匙掏出，千萬不可將香爐倒扣，「倒爐」代表的就是「傾家蕩產」。

　　篩掉香腳殘渣，留下三分之一舊的香灰，篩過後再加上新的香灰。溫馨提醒，過程中香火不能熄滅，因此建議最好使用環香。

壓寶招好運：

在傳統上是壓「五寶」，現代則在香爐底下放十二枚硬幣（幣值依香爐大小而定），一正一反緊密排列，代表四季進財，月月平安，日日興旺，八方迎貴，招財納福，因此稱之爲「壓寶」。（可在爐底錢幣的中央位置，擺放經過奇門遁甲開光的「黃金虎眼一葉致富石」，讓家運欣欣向榮，健康、事業、財富、人丁……皆如綠葉生氣盎然，更詳細可聯繫陶文老師。）

溫馨提醒：祖先香爐內不宜壓寶，更不可擺放任何物件。

吉利時辰：廿四日送了神即可開始，今年最爲吉利的日辰如下。

1. 日期：2月4日星期日。時間：巳時（9點15分至10點45分）。這一天是「立春日」，具有啟動新年新氣象的意義。

2. 日期：2月5日星期一。時間：午時（11點15分至12點45分）。

3. 日期：2月9日（臘月卅日）除夕。

   吉利時辰：酉時（17點15分至18點45分）。但這是很特殊的時間，是讓在2023年運勢超背的人使用的，逆轉勝的能量超級強烈，一般人沒必要請不要選用。

   其他吉利時辰，巳時（9點15分至10點45分）。

◻ 步驟④照虛耗：（暖歲與續旺氣）

「除夜明燈床下，謂之照虛脫」《朝淳歲時記》如此記載。這就是所謂的「照虛耗」。不過也有人這麼說，古時候是爲了不讓耗子偷吃過年的食物，因此燈火通明，後來發現這樣做可以讓家宅運氣更好。

除夕夜當天開始一直到年初五，家中各處都要維持燈火通明狀態，日夜都如此，除了因爲財神不入穢門，喜歡選擇明亮之宅外，也

有「暖歲」與「續旺氣」的神效。

　　進入2024甲辰龍年一個新的元運就此展開，不論2023年過得如何，也不論過去「八艮運」20年間過得如何，還是有需要延續旺氣，因此這一年的「照虛耗續旺氣」就變得十分重要。如果想讓啟動未來20年的好運勢，建議除夕夜開燈之後就一直開到年初五，初六天亮再關閉，但還是要在客廳與玄關保留一盞燈，那就是可以旺一整年，一整個元運的「旺宅長明燈」。

● 步驟⑤接財神：（三元吉時接財神）

　　新春新氣象，新的元運更不一樣。2024是個難得一見的「天星大轉移」，元運更迭是其中之一，冥王星的過宮則是另一個轉移。因此這一年的「接天心」一定要虔誠、認真、用力、用心執行。

　　每一年的除夕晚上和正月初一日交替的時間，就是所謂的「三元及第」的時間，而今年的「三元」要再加一元，因為不但是一天的開始、一個月的開始、一年的開始，更是一個元運的開始。

　　「元」代表好的開始，除夕晚上0點整，是一年、一月、一日的開始，也是專家高人所說得「三元及第」大吉時，三元指的是「歲之元，月之元，日之元」，今年多了「元運之元」成為「四元及第」。

　　「三元吉時」也是接財神的時刻，迎接元運氣場達到旺運、旺財、旺宅的吉象。如果居住的地方允許，非常建議在除夕夜跨年之際，在大門外燃放鞭炮，則更有催旺發達之功。面對這新春期間最重要的活動，不管你人在哪裡，家中、外地都要執行，因為可以啟動一整年好運氣。

　　「三元及第」在古時候是指連續考中鄉試、會試、殿試且第一名

的人，被稱爲「連中三元」。而現代人的「三元及第」是指好事接二連三，好運旺旺來。

就在此「三元吉時」在神龕前拜拜接財神可旺財富，發事業。家中沒有安神位者，可前往廟宇，或在家門口、前陽台雙手合十默拜（面向東北方爲佳），誠心祈禱，迎接財神入宅，有點香就將香插在屋宅的財庫位或佛龕香爐。

財庫位如下：

坐西北向東南 →（東北方）	坐北向南 →（西南方）
坐東北向西南 →（西北方）	坐東向西 →（北　方）
坐東南向西北 →（西南方）	坐南向北 →（西　方）
坐西南向東北 →（東南方）	坐西向東 →（北　方）

● 步驟⑥元旦焚香開門出行：

焚香開門：亦即「開財門」，其實在除夕夜24點（正月初一日零點）的「三元吉時」的放鞭炮許願就已經執行。

走春：大年初一第一次出門就是「出行」，也稱爲「走春」，亦即「走喜神方」。務必運用「奇門遁甲」時空併用的旺運策略，出門迎接與開創最好的吉氣，讓新的一年好運連連。台灣諺語：「走春，走春，愈走愈春。」其中的「春」有「儲存」、「圓滿」、「豐盈」和「順心如意」的意涵。

2024年的大年初一是「甲辰日」，也是「太歲日」。這一天出現的「歲德吉星」與「天貴吉星」併臨的大吉日，再加上「正官星」與「食祿星」暗中護持，這一天的「出行」等於在迎接福氣、貴人、事

業、財運，讓家宅興旺，家人健康順遂。

　　焚香關門：取酉時（六合官祿時）拜拜關門，是爲了將已經接收的好運、旺運與財富，收藏在家宅中，享用一整年。

　　出行：大年初一的第一趟出門，亦稱爲「走春」、「走喜神方」或「行大運」，至少走365步以上，代表好運一整年。逢人道恭喜，大年初一得到路人的恭喜回應，代表貴人充滿，具有「心想事成，旺財旺運」的吉利之應。此法十分應驗，想好運旺旺來就一定要執行。

出行吉時和方位：

1. 卯時（5點15分～6點45分）人緣福祿時：

　　方位：西北方「開門」，也是太歲星的「長生方」，又是九星「文昌財神方」，此方出行代表事業貴人明顯，大利家運與健康，財運興盛繁榮。※向西北方行走大約365步之後，轉往正北方和東北方，迎接「太歲喜神」和「天乙貴人星」，讓宅運、財運與事業運旺盛一整年。

2. 巳時（9點15分～10點45分）食祿生財祿時：

　　方位：正北方「開門」，也是太歲星的「將星方」與「歲合方」，又是九星「大財富星」飛臨的位置，此方出行代表鴻圖大展，名利雙收。※向正北方行走大約365步之後，轉往東北方，迎接太歲「天乙貴人」、「福星」與「喜神」，讓貴人福星能量旺盛一整年。

3. 申時（15點15分～16點45分）祿馬財神時：

　　甲辰龍年是個很特殊的年，由於需要更多的強大能量幫助事業轉型，新事業出發，家人健康平安，因此多了一個下午的時間。由於申時是大年初一的「三合方」，同時也是「歲合方」，以及「官印相生」的「祿馬財神方」，因此即便早上已然出行，這個時間還是

建議再走一趟，畢竟在這三元十一元的特殊年，我們需要太多的蛻變能量相助。就讓我們運用「奇門遁甲」為自己、為家人添福添壽。

方位：正東方「開門」，也是太歲奇門「太乙方」，又是九星「官貴星」飛臨的位置，此方出行代表興家創業，子女運特佳，貴人滿滿，招賢納士與名利雙收。※往「正東方」行走365步之後，再轉往「東南方」，然後到「正南方」廟宇拜拜，創造「開疆闢地」的大能量。如果你想突破現況，想翻轉大未來，這個時辰的「奇門遁甲」走春祕訣，一定要老實執行。

◻ 步驟⑦接天神：

年初四日是迎接天神回到凡間繼續考核人間善惡的日子。俗云「送神早，接神晚」，因此接神時間大部分在傍晚時刻。不管讀者們用什麼樣的金紙，一定要記得加上「甲馬」，讓神威更加顯著。

◻ 步驟⑧祭財神：

初五日俗稱為「送窮日」，將過年期間所累積的垃圾送出家門。在習俗上，初五才是接財神的日子，不過由於為了提防給別人先接走了，於是一家比一家早，就出現了筆者前述之除夕夜的「接財神」動作。

◻ 步驟⑨開張、開市拜拜：

如果可以一開始就邁向成功，你會想要嗎？答案當然會是肯定的，這個時候「好的開始」應該就會是「成功的全部」了。尤其是

後疫情時代，想要快速恢復元氣，在新的一年就要做好新的計畫和目標，而新春開張或開市拜拜就是向宇宙宣示，向幸運之神下訂單，因此開張和開市絕對是必須受到重視的重頭大戲。

不過許多人說，每一年我都依照農民曆的開張吉日拜拜，並且虔誠老老實實執行，但為什麼並沒有見到預期中的好運成效？那就是開張的日辰不對，黃道吉日不見得一定是農民曆上記載的好日子，而是經過「擇日學」與「奇門遁甲」的時空配合，再加上依照行業別來挑選吉日，例如生意人要選與財星、財氣、財祿有關的良辰吉時，而主管級或公職人士，則宜以官祿、印祿興盛的日與時，這個時候挑選出來的黃道吉日，肯定會讓「好的開始」成為「成功的全部」。

還是要提醒的是，不論老闆是哪一種信仰，開張拜拜這件事非進行不可，因為那是讓員工有參與感的動作，只要不拿香就從善如流吧！事實上，完美無瑕的拜拜儀式，就是在向員工們宣告「沒不景氣，只有不爭氣」以及「沒有壞運勢，而是沒有掌握趨勢」。

開張吉日如下：

※初三日（丙午）：三合日（此日吉利，大作大發，小作小發）。

開張時間：巳時（9點15分至10點45分）為「日祿時」、「食祿」，這是2024年最為吉利的開張日辰。申時（15點15分至16點45分）為「六合偏財祿」財星超旺的時間，對於經營夜間生意的人士而言，這是十分理想的開張吉日良辰。

※初四日（丁未）：天德吉星照拂，雖有「小耗星」，依舊諸事皆宜，開張大吉。

開張時間：午時（11點15分至12點）為六合「日祿時」，對於個體戶、工作室、服務、行銷、創意、演藝、文化等業者而言，最為

吉利。

※**初八日（辛亥）：六合財祿旺財的日辰。**這一天的「日坐正財源」六合日，合住「正財祿」月令，生旺財富星。屬於借力使力，智慧生財的部份。

開張時間：午時（11點15分至12點）為「異路功名時」適宜開創型的事業。同時也適宜企劃、行銷、公關、文化、創意、教育、演藝、網路等行業。

※**十二日（乙卯）：「天貴星」主事的日辰，日坐日祿與福祿，大利開張。**

開張時間：午時（11點15分至12點）為「偏財祿星」「偏財源星」併臨，大利生意買賣業。未時（13點15分至14點45分）為三合財庫時。

※**十五日（戊午）：「三合事業尊貴星」的日辰，同時也是「上元天官賜福日」。**這一天最適合服務業，即便已經開張拜拜，這一天依舊值得前往廟宇拜拜再開張一次。

開張時間：巳時（9點15分至10點45分）為「日祿」與「福壽祿」併臨的日間。申時（15點15分至16點45分）為「六合偏財源」生財有道的吉時。

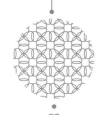

節慶求好運

　　乾坤大挪移的時代來臨了！

　　冥王星的大遷徙，從傳統、制式、權勢的山羊座轉移到變革的寶瓶座，整個世代更替的不會只是高科技的進步，還有國際社會、財經與權利的轉變。

　　三元風水的「九離運」將從2024年展開，「離卦」不但是變革的一種，更是系統性變化的寫照，凡人的我們有必要做好準備，搭上變革的順風船航向更美好的人生。

　　冥王星的大周天大約480年，小周天約20年。三元風水的大周天則是180年，小周天同樣是20年。由此可知，千載難逢的2024年掌握住了，就有機會開啟往後20年的超旺好運。

　　運勢的轉變是一點一滴的，就從日積月累開始，這是為什麼陶文老師創造「五分鐘開運法」的原因，每天5分鐘，幸福快樂盡在其中。從2024年開始，歡迎讀者們一起和陶文老師每天問自己「你今天奇門遁甲了嗎？」

　　另外，掌握每一個節慶特殊的關鍵日辰，做好趨吉避凶也會是神奇的開運效果，只因為每一個節日與吉慶的保留肯定有其道理，除了是生活上共同意識與信念外，最重要的是特定季節或節日存在著天地宇宙磁場的特定能量，掌握住節慶開運與轉運的能量，讓生活一天一天變好，好運氣一次一次提升。

　　只不過，許多人雖然很認真，很虔誠執行還是感覺不到，那是因

為缺乏「奇門遁甲」的時空配合，因此陶文老師在此除了要告訴讀者們如何藉著節慶的特殊能量開運外，同時還要告訴讀者們如何使用「奇門遁甲」創造生命奇蹟。

⬤ 天赦日開運：想擺脫衰運，絕對不可以錯過這天

「天赦日」顧名思義就是老天爺赦免災厄的日子，而這個老天爺在道教來說指的就是玉皇大帝，從宇宙最高領導人所賜予的轉運與除錯的機會，就如國家大赦一般，這是個可以有效除厄運，轉好運的大好日子。

根據古書記載，「天赦日」就是「季節專氣」的日辰，例如春天是「戊寅日」，夏天是「甲午日」，秋天是「戊申日」，冬天是「甲子日」，這是季節中的「祿日」或「旺日」，因此是生氣蓬勃的日辰，玉皇大帝賜予宥罪赦過的能量，於消災化煞與祈福添壽而言，最是神奇靈驗。不過值得提醒的是，對於婚姻這件人生大事而言，卻未必適用。

讀者們可以掌握這個老天爺賜給我們的轉運日，赦免掉生活上的小罪、小過或小人，這一天的造吉祈福同時也具有擺脫衰運的神效。請依照日辰再配合「奇門遁甲」的時間與空間共同運用，讓整體運勢有機會因為做了修正，而讓生命愈來愈豐富精彩。（奇門遁甲詳細訊息，請參考陶文老師官網。）

溫馨提醒，這一天祭拜的主要對象是「玉皇大帝」，只要在每個宮廟的「天公爐」上香默禱，就是在祭拜「玉帝」了。

2024年一共有6個天赦日，天赦日與奇門遁甲開運的吉時和方位：

1. 2024年3月15日，陰曆二月初六日，戊寅日。

奇門開運時間：巳時（9點15分至10點45分），方位：正西方。

2. 2024年5月30日，陰曆四月廿三日，甲午日。

奇門開運時間：未時（13點15分至14點45分），方位：西南方、西北方。

3. 2024年7月29日，陰曆六月廿四日，甲午日。

奇門開運時間：午時（11點15分至12點45分），方位：東北方。

4. 2024年8月12日，陰曆七月初九日，戊申日。

奇門開運時間：巳時（9點15分至10點45分），方位：東北方、東南方。

5. 2024年10月11日，陰曆九月初九日，戊申日。

奇門開運時間：巳時（9點15分至10點45分），方位：正南方。

6. 2024年12月26日，陰曆十一月廿六日，甲子日。

奇門開運時間：辰時（7點15分至8點45分），方位：正南方、西南方。

申時（15點15分至16點45分），方位：正南方、西南方。

● 小過年（元宵節）：一年一度最強的開運日

上元節是歡樂的節日，也是元宵節，更是「上元天官賜福」的大好吉日。這一天大利拜拜祈福，而在過年期間的安太歲與點燈儀式，也將在這一天進行，可前往廟宇參加點燈儀式。

據說，在這一天的祈福造吉，不但能夠趨吉避凶，並且有求財得財，求緣得緣的神效！再加上陶文老師傳授的「奇門遁甲」開運策

略，效果更加強勁。

　　這一天是小過年，因此還是適宜如過年一樣出行接喜神和財神，更有機會旺情緣，更快速達到轉運與改運的目的。習俗上這一天愈歡樂，運勢愈興旺，因此這也是張燈結綵的原因，四處的燈會更將氣氛帶到最高點。

奇門遁甲開運：

1. 時間：巳時（9點15分至10點45分）。方位：西北方、正北方和東北方。布局居家風水，走完「三吉門」之後，再前往廟宇拜拜祈福。

2. 時間：未時（13點15分至14點45分）。方位：正北方、東北方和正東方。布局居家風水，面向西南方冥想，心想事成。

● 頭牙、土地公誕辰：

　　龍抬頭，好運也抬頭。二月初二，龍抬頭是蟄伏的萬物復甦的日辰。這一天的奇門遁甲開運布局，自然會引動蟄伏的好運勢跟著抬頭。根據「古東方星座」的記載，「龍抬頭」和「星宿」有關，「蒼龍七宿」的「角宿」就是龍的「角」，在每年的這個時候出現在東方的低空。因此這一天的開運布局，更可以得到宇宙的能量加持。

　　在傳統上，「龍抬頭」這一天同時也是土地公誕辰日，也是所謂的「頭牙」，這一天前往居家附近的土地公廟拜拜祈福，同時也會獲得土地神的庇佑。拜土地公別忘了祭拜土地公的坐騎「黑虎將軍」，再向「黑虎將軍」換取「錢母」，拿回家後一份放進聚寶盆，一份存入銀行，另一份隨身攜帶，讓財運興盛荷包滿滿。

奇門遁甲開運：

1. 時間：辰時（7點15分至8點45分）。方位：西南方、正西方和西北方。這個時間是專門提供給需要轉運的人使用。走完「三吉門」，最後前往正西方廟宇拜拜祈福。

2. 時間：午時（11點15分至12點45分）。方位：正南方、西南方和正西方。布局居家風水，走完「三吉門」，最後前往正西方廟宇拜拜祈福。

⬤ 文昌星君誕辰：

　　文昌星君不但是登科及第的神祇，同時也是人緣、事業的守護神，更有文財神之稱。

　　二月初三是文昌帝君誕辰日，今年的日辰是「乙亥日」，是福祿星與貴人星併臨的日辰。這一天，前往文昌星君廟拜拜，旺事業、利升遷、求功名、旺財富與人緣。

　　適宜的祭品：蔥、蒜、芹菜、蘿蔔、竹筍、糕點、包子、粽子、圓形牛軋糖等為佳，選擇三樣即可，不過其中尤以具有「功名糖」之稱的「花生牛軋糖」最為理想。

　　據說有幾樣供品要避開，那就是烏龍茶象徵擺烏龍、丸子則等於完蛋、而鴨蛋更是0分的代表，另外紅龜粿則有檳龜的意涵，以上僅供參考，拜拜最重要的是虔誠，以及奇門遁甲的時空併用。

奇門遁甲開運：

1. 時間：午時（11點15分至12點45分）。方位：西南方、正西方和西北方。布局居家風水，走完「三吉門」之後，再前往廟宇拜拜祈福。

(2)時間：未時（13點15分至14點45分）。方位：西北方、正北方和東北方。布局居家風水，走完「三吉門」之後，再前往廟宇拜拜祈福。

⬤ 端午節：繫「長命縷」

端午節是一年中陽氣最盛的日子。

甲辰龍年的端午節是在「夏至」之前，陽氣依舊旺盛。掌握住這陽氣最旺盛的節日，換手氣、除晦氣，讓好事如願以償。

傳統習俗上會掛艾草避邪氣，接午時水除瘴氣，製作香包招吉氣，立蛋試運氣⋯⋯。

今年的端午節格外不同，只因為日辰「乙巳」是「財源」、「財祿」與「官星」三大吉星照拂的大吉日。

後疫情時代事業與經濟進入復甦狀態，許多企業進入轉型，更多新事業出發，端午節的旺氣具有極大的助益。甲辰龍年又是三元風水九離運的開始年，因此今年的端午節不但要執行「轉運」策略，同時還要提升「旺運」的強度。

在許多開運策略中十分建議自己製作「長命縷」，「長命縷」亦即用五種顏色的線編織在一起（市場有現成的五色線），在正中午將「五色線」打七個結，每打一個結就許一個願，並在結上哈一口氣，因此「長命縷」也被稱為「七氣結」。

不過如果加上具有「化煞為權」和「諸事亨通」的「硃砂」元素成為「硃砂長命縷」，其化煞與旺運的神效更為顯著。經過拜拜過香火繫在手上（男左女右），可盡納功名、利祿、財富、壽喜之吉氣，同時也具有化煞、小人的作用。

奇門遁甲開運：

1. 時間：辰時（7點15分至8點45分）。方位：西南方、正西方和西北方。其中以正西方最為神奇，布局居家風水，走完「三吉門」之後，再到正西方廟宇拜拜祈福。

2. 時間：午時（11點15分至12點45分）。方位：東南方、正南方和西南方。其中以正南方最為神奇，可執行「名利雙收」的布局居家風水，走完「三吉門」之後，再到正南方廟宇拜拜祈福。

⚫ 農曆六月初六日「玉帝開天門」：

農曆六月初六日是「玉帝開天門」的日子，亦即傳統的「天貺節」，代表的是補運與祝福。

相傳在六月初六日這一天南天門會大開，有點像教宗站在「祝福陽台」為教徒祝福一般，這一天雖然像「天赦日」，但不同於「天赦日」。

「天貺日」和「天赦日」不同在於「天貺日」由玉帝親自接收祈福，因此這一天所有的疏文都會到玉帝的手中，因此赦罪、補運的成效遠高於「天赦日」，不過可惜的是，「天貺日」一年只有六月初六日這一天，過了再等明年。

2024甲辰龍年「天貺日」的日辰是「丙子」，是「官祿吉星」照拂的日辰，因此這一天的祈福對於事業最有幫助，疫情期間受委屈或是準備轉型的企業家，掌握住了，並且做對了祝禱和風水布局，事業就翻揚了。

奇門遁甲開運：

1. 時間：子時（23點15分至0點45分）。方位：正西方、西北方和正北方。其中以西北方最爲神奇，布局居家風水，面向此方位冥想，心想事成。

2. 時間：巳時（9點15分至10點45分）。方位：西北方、正北方和東北方。其中以西北方最爲神奇，可執行「化煞爲權」布局居家風水，走完「三吉門」之後，再前往廟宇拜拜祈福，化解負能量。

3. 時間：申時（15點15分至16點45分）。方位：正西方、西北方和正北方。其中以正西方最爲神奇，布局居家風水，面向此方位冥想，心想事成。

● 七夕拜魁星和月老：

七夕相傳是牛郎和織女一年見面一次的日子，因此也被視爲東方情人節，求姻緣的人，可以前往月老廟拜拜，提升正桃花與情緣能量。

七夕這一天也是「魁星」的生日。北斗七星的第一顆星是「奎星」，也稱爲「魁星」，也是「首星」的意思。古時候考取狀元稱爲「一舉奪魁」。這一天還要拜「魁星」，吃牛角麵包，具有頭角崢嶸之意，前往廟宇或在夜晚朝著北斗星方向默拜。既提升人緣，同時也開啟智慧經營事業。

七夕拜七娘媽，則是爲了祈求小孩無災無難，健康平安長大。

奇門遁甲開運：

1. 時間：巳時（9點15分至10點45分）。方位：西北方、正北方和東

北方。其中以西北方最為神奇，布局居家風水，走完「三吉門」之後，再前往廟宇拜拜祈福。

2. 時間：未時（13點至15點）。方位：西南方、正西方和西北方。其中以西北方最為神奇，可執行「旺文昌人緣」布局居家風水，或走完「三吉門」之後，再前往廟宇拜拜祈福。

⬤ 中元節地官赦罪日：拜拜、普渡、放水燈、消災解厄

據說農曆七月十五日是掌管人間善惡稽查的「地官大帝」誕辰日，這個月祭拜「地官大帝」並誠心懺悔，可望獲得「消災祛疾解厄」，消除霉運與災病，以及贖罪的機會。

七月雖然是傳統的「鬼月」，長輩們都會提醒重要事情一定要避開，雖然現在資訊發達，同樣還是許多人不買房、買車，甚至於拒絕手術。事實上，七月的傳統尊重就好，千萬不要迷信過了頭。

嚴格說起來，七月未必事事不可為，搬家、入宅、修造能避則避，有必要也有破解祕訣。甲辰年的七月是壬申月，而七月十五日是「甲寅日」，也是具有破除厄運作用的「月破日」，因此這一年的「中元地官赦罪」具有超級強大的消除力量，是千載難逢的「轉運蛻變日」，值得想翻轉厄運的人珍惜掌握。善用「奇門遁甲」時空搭配，想要翻轉與蛻變就更容易了。

奇門遁甲開運：

1. 時間：午時（11點15分至12點45分）。方位：正東方、東南方和正南方。其中以正東方最為神奇，可執行「旺貴人」布局居家風水，或走完「三吉門」之後，再前往廟宇拜拜祈福，化解負能量。

2. 時間：申時（15點15分至16點45分）。方位：正南方、西南方和正西方。其中以西南方最為神奇，由於是「月破日」的「日破時」，具有「雙破」的能量，具有強大的轉運神效，布局居家風水，或走完「三吉門」之後，再前往廟宇拜拜祈福。

◯ 中秋節：

錯過了等明年！

月圓人團圓，中秋節是天上月亮最圓，人間最圓滿的節日。早期許多人家會在這一天拜月娘，祈求家宅會圓滿平安，小孩會頭好壯壯，平安順遂。

八月十五日中秋節，同時也是一年中最靈驗的積緣補運日，是一年一次開啟好運氣的大吉日。

相傳在這一天祭拜「龍德星君」，可消除霉運，提升財運，讓整體運氣更好更強更旺，並且延續到明年。並且諸事順心，災禍不生，更可錦上添花，幸福美滿。

祭拜時間：八月十五日晚上9點15分至10點45分（亥時，日辰福祿時）。

祭拜地點：宅前空地、陽台或宅前花台。

祭拜方式：設香案，擺放水果三樣、月餅（圓形牛軋糖）、糖果和鮮花。

提示事項：只需三炷香，不需要焚燒紙錢。最重要的是，一顆虔誠的心。

其實不設香案拜拜也行，雙手合十誠心默禱。拜拜（默禱）後，鼓掌三次，可望諸事順遂，霉運祛除，災禍不生，補運開運如錦上添花，家庭幸福美滿。

2024年中秋節的日辰是「甲申」，屬於「異路功名」的格局，這一天的風水布局對於事業具有極大的幫助，因爲有機會「無心插柳柳成蔭」，這是旺運、發財富的絕佳日辰，再加上「奇門遁甲」時空配合，積緣補財庫的甲辰年八月十五日，錯過了等明年。

旺財法：中秋節巳時（9點至11點）是「六合福祿時」，屋宅或辦公室的東北方布「五鬼運財陣」，黑曜石神龍龜和「聚寶盆」（內置100枚硬幣，加上1顆黃金虎眼一葉致富石）。

求姻緣：前往月老廟，拜拜祈福。拜拜禮儀遵循廟方指引，紅絲線繫在手上，請記住不是男左女右喔，而是女左男右，因爲女士們求得是男性，而男士們求的是女性。除非不同性向。另外，記得把拜拜的香水百合插在屋宅正西方，既旺事業，也旺桃花。

吉利時間：男士們請用酉時（17點15分至18點45分）方位：西北方、正北方和東北方。其中以西北方最爲神奇，布局居家風水，走完「三吉門」之後，再前往廟宇拜拜祈福。

女士們則用巳時（9點至11點）。方位：正南方、西南方和正西方。其中以正西方最爲神奇，布局居家風水，走完「三吉門」之後，再前往廟宇拜拜祈福。

簡易生基轉運法：

時間：戌時（19點15分至20點45分）

方位：正北方。

紅紙：書寫名字、生辰及想轉化事務。寫完後哈三口氣，再放進

紅包袋。

儀式：將紅包袋，埋在泥土中，直接離開不要回頭。

◻ 秋分

召喚好運，召喚豐收，秋分，你一定要知道的開運祕訣。

白露白迷迷，秋分稻秀齊。秋分是豐收的象徵，因此這一天大利召喚豐盛，開始下半年好運勢。

春分是天文春季的第一天，代表的是一年的開始和啟動。秋分是天文秋季的第一天，代表的則是一年的收成和豐收。這兩個「分點」的白天和黑夜幾乎相等。

2024年秋分是台北時間9月22日20:44。從這一刻起，天文秋季就開始了。

春生、夏長、秋收、冬藏。秋天是收成的季節，「秋分」是召喚豐收，亦即醞釀豐盛好運氣的日辰。

據說「秋分」在「社日」前，代表豐年收成好年冬，若在「社日」之後，則就要不理想了。

查2024年的「秋社日」是9月21日，「秋分」為9月22日，因此在「秋社日」之後。這個時候，風水開運的功課就需要更加努力執行，讓接下來的時間可以創造豐盛，然後可以過個幸福的年。

由於2024年的秋分日辰是「己丑」，由於「土星」氣重，除了布局財富與事業，也需要布局健康。

奇門遁甲開運：

1. 時間：巳時（9點至11點）。方位：西南方、正西方和西北方。其

中以正西方最爲神奇，可執行「旺家運」布局居家風水，或走完「三吉門」之後，再前往廟宇拜拜祈福，讓下半年更豐盛（上班族，不方便出門，可在座位上面向正西方冥想），這個時辰旺家運與健康。

2. 時間：酉時（17點15分至18點45分）。方位：西北方、正北方和東北方。其中以東北方最爲神奇，布局居家風水，走完「三吉門」之後，再前往廟宇拜拜祈福。這個時辰旺的是事業的豐收和貴人。

● 重陽節

登高、賞菊、喝菊花茶或酒，趨吉避凶，步步高升。別忘了「敬老尊賢」，這是最佳狗腿日。

● 冬至吃湯圓

冬至一陽生，吃湯圓升陽氣。白色湯圓添貴氣，紅色湯圓旺姻緣與人緣。祭拜祖先，旺子孫。

甲辰年

奇門遁甲
易經論股

謹慎理財，
國際社會避開無謂的衝突

《走進你的時間》是改編自台灣電視劇《想見你》的一部韓劇，描述的是穿越時空的愛情與友情，懸疑奇幻的輪迴劇情引人入勝，在2023年上演一度引動「穿越」熱潮。「穿越劇」之所以這麼受到歡迎，就是因為只要是人都希望有機會重新調整自己的人生。

相信嗎？2024年就是一個有機會讓自己重新調整人生的一年，而且是248年才會出現一次的機會。雖然不會出現「穿越」的情形，不過如果掌握對了，生命調整後的重新開始將比「穿越」還更有戲劇性，並且還更精彩。

冥王星在嚴守紀律的山羊座待了20年，2023年開始啟動遷徙的世代任務，經過幾次在山羊座與寶瓶座之間來來回回，終於在2024年11月20日正式進入寶瓶座，將會一直待到2043年。此種走法和步調與「三合元運風水」進入「九離運」不謀而合，「三元九運風水」學術中的「九離運」將會從2024年開始，持續20年至2043年。

「離」具有分別、別離、隔離、分門別類、改造的意涵，因此最容易出現「改革」的氛圍和情況。而寶瓶座也是具有革命特質的星座，冥王星進入寶瓶座意謂著自然會是重大的改革，尤其冥王星和強大政權與強大集團有關，而冥王星進入寶瓶座所激盪出來的改革能量，將會雨露均霑提供給每一個星座和每個人，因此一種蛻變潮出現

了，比「穿越」更具戲劇性的橋段出現了，冥王星具有死亡與重生的特質，也是毀滅與創造。冥王星進入具有革命特質的寶瓶座，於是一場消滅之後再重新創造的機會能量出現了，整個世界容易同步進入改革的狀態，這個時候就要好好想想，你是「選擇改變」，還是「被選擇改變」？你是「主動改革」，還是被動「被改革」？

而這個時候，做好萬全準備的人，將會以脫胎換骨，煥然一新的態樣迎接嶄新的20年。對於還沒來得及準備的人而言，也無須手忙腳亂，方寸大亂，這個時候只要學會聚焦，專注在最想成就的部份，就有機會逐步搭上冥王星改革的腳步。

木星於去年5月17日進入金牛座之後，一路來來回回地經過了一年多，將於2024年5月26日離開金牛，進入雙子，雙子之年展開序幕。雙子座是天星中的「交友宮」，代表接下來下半年的事務將會與周遭人事相關，換言之迎接木星雙子之年的最好策略就是學會「做人」，因為會做人比會做事更加重要。

不過需要提醒的是，由於許多不協調的「三刑會沖」天象不斷出現在下半年，尤其是10月9日木星進入逆行的階段，讀者們恐怕更要謹慎面對商務買賣與投資事務，也就是此種現象將會延續到2025年2月4日。11月20日冥王星將會正式進入革命的宮位（寶瓶座），攜帶的現象是火冥對沖，對於一般人而言，代表的是事業職場的重要抉擇避之為宜，而整體國際社會則必須避開無謂的衝突，人禍尚可控制，天災可就很難規避了。

從「甲辰」龍年太歲角度觀察。「甲辰」太歲干支組合是天干「甲木」旱地之「辰土」，這樣的組合自然是60年才會出現一次，而由「甲木」引導的太歲年則是10年出現一次。在自然事業中「甲木」好比「參天大樹」，具有強大的成長能量，「辰土」是一種可以生長

萬物的濕土，因此就「木剋土」的「天干剋地支」角度來說，被認爲是不吉利的，不過木長在泥土上在天經地義不過了，可惜的是，參天大樹需要的是厚實的土地，才足夠養活大樹木，才可以使大樹木充分展現生命力。「辰土」是濕土，是生長花花草草的田園之土，「甲木」長在如此這般的泥土上，很難大展身手，根基不穩則風吹樹倒。

再從前文的描述中得知，甲辰龍年是個欣欣向榮的流年，綠意盎然，生命力欣然，將會有許多的新興產業冒出頭。只不過，再從「甲辰」的木土結構看來，不論是新興事業，還是準備轉型的老企業，想要成爲「大樹木」就需要循序漸進的策略，以一步一腳印的方式進行，唯有扎好根基才有機會成爲茁壯的參天大樹。

再從「甲辰」太歲的五行結構角度觀察。發覺除了「木」和「土」，還有少許的「水」隱藏在「辰土」裡之外，這是個五行不全的太歲結構。仔細分析，「火」和「金」是缺乏的五行，因此有必要自行補強，顏色是最直接而有效的開運策略。「火」元素的五行顏色是「紅色」、「紫色」、「橘色」等暖色系列，而「金」元素的五行顏色是「白色」、「金色」、「銀色」等明亮的色系。「甲辰」龍年的「甲木」在正東方，而「辰土」則是東南方，因此「紫氣東來」成爲了「甲辰」龍年的特殊結構，而這也就是爲什麼《龍年開財運賺大錢》的封面是採用「紫色」和「白色」的原因，陶文老師同時也營造「九一合十」的圓滿吉象，那就是「九紫」和「一白」的結合。再加上，隨書贈送的「龍銀」，具有「攏贏」的意涵，希望擁有這本開運書的讀者們，不但能夠享受到「紫氣東來」的貴氣，同時事事圓滿，人緣滿分，只因爲「龍銀」也是「銀元」，除了「攏贏」，還代表「姻緣」和「因緣」，情緣和人緣都如影隨形。

如此看來，「甲辰」年中「火」和「金」是需要補充的「幸運

點」五行元素。「火」的範疇就是學習，抱持學習的心與思維，再加上「金」元素的目標設定，就有機會讓整個太歲能量獲得運轉。至於，「木」元素和「土」元素則是這一年的「亮點元素」，代表的是「貴人」和「財富」，那就是宜積極廣結善緣，以及提高想賺錢的欲望與能力。整體來說，或是對於企業家而言，這一年的開運亮點在於「合作」借力使力，以及建構「組織和系統」，以後的事務只問「系統」，不問人。另一個亮點則是「行動力」，設妥目標然後義無反顧邁進，目標明確，不鳴則已，一鳴驚人。

 ## 台灣國運

　　【乾為天】是2024年台灣的國運卦象。這一卦說的是「大亨通」，是個十分陽光的卦象，充滿著龍馬精神，不過需要堅守本份才會讓吉利獲得凸顯。對於事務執行而言，代表的是自立自強，擇善固執，希望像大自然一樣長久運行不怠。理論上，這是個十分吉利的好卦，因此有了「大亨通」的讚譽。不過可惜的是，這一卦雖然具有龍馬的精神，也在「大亨通」的範疇，但出現了一種強弩之末的現象，因此這是個改弦易轍的卦象。巧的是，2024年正好是台灣大選年，不論是誰當選下一任總統，都是在「改弦易轍」的範疇中。

　　「天行健，君子以自強不息」是【乾為天】的典型代表，對於台灣而言就是如此，唯有自己強大才會得到國際強大的尊重。就卦象中的氣數排列看來，這是個吉利的卦象，但卦象中的重要元素結構和冥王星相位並不理想，因此首先需要落實的就是政局的穩定。再以卦象中的微妙訊息看來，由於大選的時候還在癸卯年的範疇，因此肯定不會是氣勢強的就一定會當選，而是氣勢強又具有整體治國理念，並且

講求誠信的人才是當選者。整體而言，台灣2024年的國運是理想的，因為卦象中可以看到繼續茁壯的訊息。

 ## 台灣經濟

【風水渙】是2024年台灣經濟走勢的卦象。這一卦說的是渙散，風吹霧散。理論上這一卦並不吉利，就是因為卦意中的「渙」。不過幸運的是，由於卦象中的主要氣數排列呈現出一種「渙而再聚」的訊息，代表的是有希望谷底翻身，這是經濟上面的訊息。

嚴格說起來，【風水渙】應該是在描述全球的經濟狀況，雖然出現了好轉的跡象，2023年的股市表現就沒有出現之前市場的悲觀走勢。不過全球經濟還是處於脆弱的狀態，許多財經專家就認為2024年全球經濟成長率還是將低於長期趨勢，不過還是有機會維持緩慢復甦的狀態。

再以卦象中關鍵元素的架構角度觀察，發覺經濟的確處於復甦狀態，只不過氣勢並不理想。幸運的是，卦象中出現了「人為」的跡象，因此有機會看到政府再次推動經濟的政策，而最好的策略就是發放有感的金錢資助。

值得留意的是，由於卦象中的好消息都出現在年初，下半年的動能出現嚴重不足的現象，就卦象來說，有利經濟發展的重要元素氣勢十分不明顯，因此此種現象將與大選無關，而是與通膨與全球經濟不佳有關。

 **台股**

　　台股和國際經濟是聯動的，尤其是美國經濟與美股的影響不容忽視。不過有意思的是，美股除了2023年初聯準會的「鷹言鷹語」而震撼走低，後續卻一路震盪翻揚，此種走法符合的2023年卦【山天大畜】的卦象訊息。目前聯準會對於經濟的措辭較為正面用「穩健擴張」形容市場，通膨仍偏高但數據稍優於預期，再加上升息可望進入尾聲，2023年初經濟學者認為的硬著陸並沒有發生，這些種種跡象都提供了2024年值得樂觀期待的訊息。有專家更樂觀認為，就以台灣景氣循環周期推算，2024年進入新一波景氣擴張期的機率相對大。如此看來，「甲辰」龍年台股應該就會神采飛揚了，至於台股盤勢是否真如專家所言的樂觀，且讓我們用易經天象的「另類觀察」，繼續看下去。

　　2024年的關鍵天星盤，也值得成為觀察經濟趨勢的工具。星盤中的正財位和偏財位雖然處於衝剋狀態，不過甫入白羊座的太陽釋放出舒緩的能量，因此財經市場即便震盪再大，也容易獲得化解。而就星盤觀察，造成市場震盪的原因有二。一是地緣關係和財經政策的影響，其次是房地產的一波未平一波又起。幸運的是，出現了化解的元素。再觀察星盤中的投資宮位，發覺出現了「神祕幸運點」，但這個「神祕幸運點」卻自顧不暇，因為正財位和偏財位都是放的刑剋磁場。唯一幸運的是，由於市場宮位上的吉利現象頗為明顯，即便壓力依舊，但國際財經依舊會提供正向能量。

　　【澤雷隨】是2024年台股的走勢卦象。這一卦說的是跟隨、隨緣、隨意，對於事務的執行而言，代表的是缺乏具體行動目標的現象，也代表沒有己見的跟隨。再從卦象中的氣數排列看來，的確處於

能量無法集中的狀態，因此變數頻傳，十分辛苦也不容易獲得預期中的成效，也就是所謂的多勞少成。對於投資求財而言，也是如此。再以卦象中的多空架構角度觀察，發覺卦象中的多方氣勢雖然明顯，也扮演影響盤勢的角色，不過可惜的是，由於後繼力道不如市場預期，以及多方的步調並不協調，因此2024年的台股表現將遠不如2023年。

　　雖然如此，由於卦象中的投機氣息十分濃厚，因此占得此卦的盤勢運作在於選對標的，而不是會買或是會賣。再以卦象中的空方氣勢觀察，發覺雖然空方氣勢並不明顯，不過卻呈現出一種動作頻頻的狀態，代表市場上的利空壓力如影隨形，雖然不容易造成重大挫敗走勢，不過卻也讓投資人辛勞與收成不成正比。綜合整體現象，那就是多方氣勢明顯，步伐卻不協調，而空方氣勢雖不明顯，卻處於動作頻頻的狀態，再加上卦象中指數上漲的元素，也處於被動狀態，因此2024年台股極有可能以橫向整體走勢。

　　整體而言，台股走勢即便橫盤機率頗盛，仔細觀察還是看得到「微笑曲線」。台股高點容易落在第四季，次高點則是在第二季。由於卦象中的關鍵數字為5、7、4，預計指數容易在15000點上下1000點震盪。就卦象而言，選對標的才是王道。整的來說，AI概念容易繼續發酵，車用電子、雲端伺服器、高速運算、生技族群、光通訊產業與低軌道衛星供應鏈將會是理想的財利標的。

電子股趨勢
短線有利可圖，出乎市場意料之外

【震為雷】是2024年電子股投資求財卦象。這一卦說的是震撼與震驚。對於事務的執行而言，代表的是聲勢浩大，速戰速決。再從卦象中的氣數排列角度觀察，發覺此種震撼是出人意表的，是具有成長性的動能，因此將此卦用在投資求財上，容易出現短線有利可圖的現象，而此種現象往往是在市場意料之外。

拿華為手機這件事來觀察，華為出人意表的突破封鎖，成功發表新款高階手機，由於需求優於預期，因此出貨預估不斷調升，預計2024年將會突破4000萬支。就在華為新機熱賣，中國市占率急升至第2之際，市場對於蘋果的iphone15感到擔心，預計影響將會在30％。不過就在蘋果如常發售的時候，發現市場接受依舊熱絡，尤其在中國的愛國情操下，iphone15的熱情依舊不減。這是出人意表現象，就是【震為雷】的典型卦象訊息。

再從冥王星將於11月20日正式進入寶瓶座看來，對於高科技的創新與變革將會霸氣上場，因此電子高科技概念股依舊會引領群雄，而AI概念股值得長期擁有。

金融股趨勢
循序漸進有利可圖，夏季見好便收

【水澤節】是2024年金融股投資求財卦象。這一卦說的是調節、節制、步步為營。對於事務的執行而言，代表的是設妥運作範圍，循序漸進執行。理論上這是個吉利的好卦，因為很可能是節節高升。不

過可惜的是，由於卦象中的氣數排列並不理想，因此反而要謹慎以對。

再以卦象中的多空架構角度觀察，發覺多方氣勢十分明顯，因此在2024年的金融概念股是有利可圖的。通膨緩和了，升息陸續進入尾聲，地緣關係、中美貿易戰雖然還在持續，屆時升息步調停了，債券、壽險型金融標的，就值得關注。整體而言，金融股的財利在夏季，春季逢低承接，夏季見好便收。

營建股和房市趨勢
因應市場趨勢，改變策略找出生機

【火風鼎】是2024年營建股投資求財卦象。這一卦說的是除舊布新，以及鼎力相助，對於事務的執行而言，代表的是因應市場趨勢改變策略，找出不一樣的生機與方向。【火風鼎】向來就是合作共同突破難關的卦象，除了借力使力之外，最重要的是「山不轉路轉，路不轉人轉」，上有政策，下有對策。對於營建股的投資求財而言，當然也是如此。只不過從卦象氣數排列的角度觀察，發覺雖仍舊存在著活絡的生機，即便政策打房還是影響了市場的發展能量，但終究還是會壓縮了市場的生命空間。

再就卦象中的多空架構角度觀察，發覺卦象中的多方依舊是活絡的，氣勢也十分明顯，雖然空方不懷好意，但終究因為行銷策略的運作，而出現轉機。然而還是要提醒的是，由於整體的好氣勢出現在第二季與第三季，因此見好便收的好時機值得掌握。

【火地晉】是2024年台灣房地產投資求財卦象。這一卦說的是亮麗、欣欣向榮與如日中天，對於事務的執行而言，代表的是做好計畫，設妥目標，依照計畫行事，循序漸進。【火地晉】是個吉利的好

卦，如前文所述的正向而壯盛，不過相對於市場不樂觀的訊息，出現了一種風馬牛不相及的感覺。此種現象不難從卦象中的多空架構角度觀察獲得釐清，那就是卦象中的多方氣勢並不明顯，空方的壓力十分沉重，因此實質上的內容並非「如日中天」的意境。不過幸運的是，由於卦象中的卦象氣數排列依舊提供了生機，那就是來自於確實掌握住市場脈動，讓想出手的屋主，有機會出手，時機在上半年，就從春天開始。至於想購屋置產的人，則適宜在下半年進場，不過最好在上半年就開始進行賞屋的行動。值得提醒的是，非自住型的投資客還是多觀察為宜，至於購買標的中古屋會比預售屋來得更有利。

生技股趨勢
隨市場的需求選擇標的，冬季高點可期

【火風鼎】是2024年生技概念股趨勢卦象。這一卦說的是汰弱換強，順勢而為。對於事務的執行而言，代表的是見招拆招，靈活運作。在理論上這是個好卦，去蕪存菁的好卦。不過可惜的是，由於卦象中的氣數排列並不理想，因此出現了叫好不叫座的現象。對於投資求財而言，雖然也是如此，不過此種不吉利並不是代表不適合投資，而是隨著時間的變化來選擇正確的投資標的。在疫情期間，防疫概念股十分夯，後疫情時代雖然也還是需要，但已然出現轉移。就卦象中的氣數現象看來，最為理想的投資標的將會是再生醫學領域、智慧醫療、醫材、原料藥廠以及具備解盲題材的新藥類股，還有ESG概念標的，投資人可伺機布局。

再就卦象中的多空架構角度觀察，發覺卦象中的多方氣勢雖然不明顯，不過氣勢十分明顯的空方展現了善意，代表生技概念股是值得

投資的。雖然如此，投資的策略還是宜以低接爲主。整體而言，生技概念股容易成爲2024年的當紅炸子雞，春天布局，夏天加碼，秋季可望收成，冬季也還有高點財利可期。

傳產股趨勢
速戰速決見好便收，財利出現在春天

【雷天大壯】是2024年傳產股投資求財卦象。這一卦說的是聲勢浩大、豐盛茁壯。對於事務的執行而言，代表的是積極速戰速決，然後見好便收。整體而言，這是個型態明顯的卦象，雖然壯大而豐盛，不過由於卦象中的氣數排列並不理想，因此對於投資求財而言，即便是有利可圖也會是短線上的財利。

再以卦象中的多空架構角度觀察，發覺卦象中的空方氣勢明顯，並且還處於動作頻頻的狀態，只不過幸運的是，如此明顯的空方氣勢並沒有對於多方造成傷害。換個角度來說，這一卦的多方雖然氣勢不明顯，而步調與節奏也不協調，不過由於依舊出現推升股價的能量，因此這短線有利可圖。就卦象而言，財利容易出現在春天，第二季要提防變數，秋季之後在逢低承接，營造冬季的財利。

就最近的經濟數據觀察，發覺台灣景氣依舊呈現「外冷內溫」的狀態，由於全球需求依然走弱，對製造業的影響頗盛，因此非製造業擔任了支撐台灣經濟成長動能的角色，因此傳產內需型概念股值得關注，例如餐飲、食品、百貨、零售通路、觀光旅遊等。原物料景氣循環股與航太、軍工產業鏈也都是值得布局的標的，而這些現象也都出現在卦象中。

充滿機會的一年，事業和生活往好的方向發展

　　世界銀行警告言猶在耳，那就是「隨著抗通膨的策略加劇，全球有可能在2023年走向衰退，同時新興市場和開發中經濟體將出現一系列金融危機，並可能造成持久傷害……」，邁入2024年，回顧文獻數據上的觀察，發覺全球經濟復甦動能的確脆弱，全球利率上升對房地產和金融市場影響也十分明顯，金融市場壓力跡象更是歷歷在目。然而正如陶文去年因為占得【山水蒙卦】而並不悲觀，經過檢視果然如此。

　　許多經濟學家就表示，2023年來全球經濟表現超出預期強勁，而國際股市除了中國，並沒有當初市場擔心的那麼不堪，到陶文截稿為止台股一年上漲了19.69％，日經指數上漲25.35％，亞洲東北亞及印度市場表現格外突出。不過也因為如此，專家們又開始對於2024年感到悲觀，因為這麼一來導致主要經濟持續把利率維持在高檔，代表2024年的成長可能就會減緩。然而有意思的是，國際貨幣基金組織（IMF）卻在發布的《全球經濟展望》中，出現唱反調的現象，上調了全球經濟成長率。如此看來，2024年的經濟趨勢還是陷入眾說紛紜，這個時候就讓我們用易經天象的「另類觀察」角度來為投資人解讀。

　　【水火既濟】是2024年整體國際財經趨勢卦象。這一卦說的是

「水乳交融」，這是個好卦，是六十四卦中唯一呈現一片和諧的卦象。不過從卦象的氣數排列看來，似乎並非如此。「辛苦改革」和「系統重整」成為了卦象的主軸現象，雖然不會不吉利，卻是備嘗辛苦。拿事務的執行來解讀，這個時候的【水火既濟】已經成為了需要克服環境與系統上變革的卦象，對於投資求財與經濟觀察而言，自然也會是如此。

再以卦象中的元素架構角度觀察，發覺卦象中代表經濟的元素不但不明顯，同時也顯得步調十分不協調，因此可以預期的是，要接受或遭到變革的應該就是經濟了。再仔細觀察發覺，卦象中的整體環境還是充滿著不安的氣氛，危機意識依舊居高不下。即便對抗經濟趨緩的政策不斷出爐，也得到一定的成效，不過整體大環境壓力的克服還是需要時間。

2023年的強勁表現，讓原本預期在2023年發生的疲弱局面，被延後到了2024年。就卦象而言，這其中最需要提防的將會是系統上的風險。幸運的是，卦象中出現了各國政府採取強而有力措施的訊息，因此有機會降低金融部門出現動盪風險的機率，同時也讓經濟前景的不利風險，有機會獲得緩和。

整體而言，這個卦象的結構是屬於對抗與克服的型態，對抗的是大環境的種種因素，要克服會是經濟發展的趨緩。不過退一萬步來說，這依舊是個有機會改革成功的卦象，只因為影響經濟變革的因素並不難克服。只不過，2024年的經濟觀察，恐怕就無法再用2023年的角度與心情了。

更有意思的是，卦象中的變革與克服也同樣出現在2024年的關鍵星盤中。首當其衝的就是冥王星的過宮，離開在階級與壓抑的山羊座，進入代表革命與變革的寶瓶座，其改變與奔放可想而知。再從上

一次冥王星移進寶瓶座的期間，就是發生了工業革命、美國革命等顛覆時代的變革。不過即便如此，此種變革代表的也是進步。

　　還有屬於中西合併的有趣現象，那就是2024年也是東方三元風水元運更迭的一年。三元九運的風水學中，2024年是元運從八艮運進入九離運的第一年。【離卦】代表的就是改革，並且是系統式的變革，和大環境有關，也和整體的政策與規格有關。如此這般的流年，反而是充滿機會的年，事業和生活都有機會往愈來愈好的方向發展。

【國際股市分析】
美國、歐洲、中國

美國→謹慎以對，震盪愈大財利愈豐碩

【水澤節】是2024年美國經濟趨勢的卦象。這一卦說的是調節、節制、步步爲營，對於事務的執行而言，代表的是步步爲營與調整，在一定範圍內的調整。對於財經事務而言，也是如此。觀察此卦發覺一步一步調整之後的結果是吉利的，是進入健全狀態的。

每一年進入第三季，市場上就會出現下一個年度的財經預測，這幾年幾乎每一年都看到不看好美國經濟的預測，而也幾乎每一年都不符合現實情況。最近喊最多的是「軟著陸」和經濟放緩，甚至有法國銀行直接示警，那就是「美國經濟將於2024年中陷入衰退」。

從【水澤節】卦象的結構中雖然並沒有發覺此種「衰退」的訊息，不過年中的整理卻不謀而合。就卦象而言，市場上預測的降息有機會發生在2024年，只不過出現第二季底與第三季初的機率比較大。

【地風升】是2024年美國國運的卦象。這一卦說的雖然是「上升」，不過由於卦象氣數排列的原因，這一卦已然成爲了「平地起風雲」的卦象。美國在2024年因爲要再度進入近乎紊亂的總統大選，而熱鬧非常。許多現象隨著川普的準備參選浮上檯面，據說負面消息愈多，對於川普的選情愈有利。而拜登似乎並未因經濟復甦而得到太多讚許，有位媒體記者就寫了一篇「從『拜登經濟學』看到不像美國的美國」，只因爲拜登很多大規模支出計劃仍然在批核階段。即便拜登

掌管下的經濟受到全世界幾乎所有國家羨慕，但經濟好轉了，他的民意數據卻下滑了。

平地起風雲的【地風升】，卦象中就出現了這些現象，而這場競選也讓2024年的美國變得非常不尋常，不過到底是否如記者所說的「看到不像美國的美國」，就讓我們耐心觀察。

【雷天大壯】是2024年美國道瓊走勢卦象。這一卦說的是聲勢浩大，雷聲隆隆的卦象，理論上是個好卦，對於事務的執行而言，代表的是速戰速決。不過由於卦象氣數的排列並不吉利，因此「聲勢浩大」成為了動盪不安，對於投資求財而言，正是如此。

再從卦象中的多空架構角度觀察，發覺卦象中的多方並不爭氣，雖然在年初還是展現活力，不過有必要提防出現在2月的震盪，逢高調節為先。再繼續觀察，發覺卦象中的空方雖然處於被動狀態，不過還是釋放出被動式的壓力。幸運的是，雖然卦象中的多方步調並不協調，不過由於市場的支持能量明顯，因此即便盤勢震盪也不容易出現不堪的走勢。

就卦象而言，這是個需要謹慎以對的卦象，因此這一年的道瓊投資也需要謹慎。然而即便如此，卦象中的還是充滿有利可圖的現象，而此種財利容易架構在震盪的脈動中，因此震盪愈大，財利愈豐碩。

【風天小畜】是2024年那斯達克走勢卦象。這一卦說的是儲存、蓄藏，理論上是個好卦。對於事務的執行而言，代表的是順勢而為。不過從卦象的氣數排列角度觀察，發覺卦象中的蓄藏容易成為壓力下的保守，對於投資求財而言，也是如此。再從卦象中的多空架構角度觀察，發覺卦象中的多方氣勢依舊明顯，即便市場出現消息面的壓力，不過相對於道瓊，那斯達克還是比較值得投資。

雖然卦象中的空方氣勢並不明顯，卻以動作頻頻的方式呈現。幸

運的是，空方的動作雖然造成了壓力，不過卻也提供的低接的機會與訊息。整體而言，2024年的這一卦雖然不十分吉利，卻也充滿營造短線財利的機會。就卦象的觀察，整體盤勢在第一季仍有所表現，高點容易出現在第二季底與第三季初。

歐洲→策略對了，會朝對的方向前進

【澤天夬】是2024年歐洲經濟走勢卦象。這一卦說的是抉擇，也在說拐點。對於事務的執行而言，代表的是正確的抉擇，引來了正向的效應。從這一卦的氣數排列觀察，發覺獲得了一個好的訊息，那就是「五陰排一陽」代表有機會撥亂反正，去蕪存菁。對於投資求財或觀察財經動向來說，這是個好卦象。因為當主事者的策略對了，一切都會向對的方向前進，而歐盟區經濟就是如此。

歐盟執委會（European Commission）經濟執委詹特洛尼（Paolo Gentiloni）就曾表示，歐洲雖然正面臨「雙重危機」的衝擊，那就是「俄烏戰事」帶來的地緣政治與經濟影響。不過他認為，歐洲經濟應可避免陷入衰退，就卦象的觀察，也是如此。

再以卦象中的多空架構角度觀察，發覺歐盟區經濟的走勢與財經無關，真正影響的是地緣政治。只因為卦象中的的發展元素，即便受到財經的影響，反而容易出現「塞翁失馬」的好處。

那就是即便貨幣緊縮對經濟活動的影響可能比預期更大，不過如此一來極有可能會導致通膨加速下降，進而加快了實際收入的恢復，而這些就是【澤天夬卦】所出現的特質，那就是物極必反。

中國→大刀闊斧改革，有機會邁向美好

【澤火革】是中國2024年經濟走勢卦象。這一卦說的是改革、變革與革除，基本上沒有所謂的好與不好，因為改革成功了就是好，否則就是不好的卦象。就卦象中的氣數排列看來，這一卦對於事務的執行而言，是個初凶後吉的卦象，代表的是經過大刀闊斧改革之後，依舊有機會邁向美好，對於投資求財而言，也是如此。

再以卦象中的吉凶結構觀察，發覺卦象中的不利因素雖然經過了調整，不過還是繼續影響整體經濟發展，如同穆迪對於中國經濟的說法一樣。那就是「由於中國經濟和政策的不確定性、房地產行業持續困境，以及勞動人口老齡化，企業和消費者信心疲軟，中國正面臨『相當大的增長挑戰』」。

2023年中，與中國經濟相關的壞消息接踵而來，中國經濟陷入步履蹣跚狀態，製造業活動連續數月萎縮，而服務業活動也隨著消費者持續縮減開支而繼續放緩。長期低迷的房地產市場有進一步惡化的傾向，並且向外擴張到其他產業與地區。幸運的是，在卦象氣數的排列中，顯示中國政府有自己的一套方法，再大的風浪都會過去。因此卦象中出現了讓人很難相信的止血現象，雖然效果甚微但終究挺得過暴風雨。

【風天小畜】是2024年中國上證指數走勢卦象。這一卦說的是積蓄與醞釀，因此就原本的狀態下，這是個吉祥的好卦。對於事務的執行而言，代表的是順勢而為與以退為進。不過可惜的是，由於卦象氣數的排列並不理想，因此積蓄已然不是原本的吉象，反而成為了受到阻礙與壓力的窒礙難行，對於投資求財而言，也是如此。

再以卦象中的多空架構角度觀察，發覺卦象中的多方並沒有市場

所預期的那麼不堪，並且還不斷釋放能量，按理說占得此種卦象的盤勢應該是大漲的，不過可惜的是，天生指數的元素不但不明顯，同時也派不上用場。再加上，多方後繼無力，市場交易與追價意願低落，因此這一卦成為了利多不漲，甚至容易出現多殺多的局面。關鍵數字是「5」，恐怕不保。

【原物料布局】 黃金、石油、原物料

黃金→不宜忘情追逐，高點出現在夏季

【地水師】是2024年黃金走勢卦象。這一卦說的是身不由己，也在說見機行事，對於事務的執行而言，代表的是以吏為師，運作機會，營造機會。這是個集學習與爭戰於一身的卦象，本來就不是好卦，由於卦象氣數的排列讓卦象的運作空間更加壓縮了。不過，對於投資求財而言，卻是個大爆冷門的卦象，因為可以營造所謂的「危機財利」，也是「機會財利」。這個時候，要執行的就是危機入市。

再以卦象中的多空架構角度觀察，發覺卦象中雖然充滿著有利可圖的訊息，不過卻不宜過於忘情追逐，只因為多方的後繼力道並不如預期，卦象中的黃金上漲是因為環境因素，因此容易出現暴漲暴跌的情形，除非有長期投資的計畫，否則打帶跑將會是值得參考的趨吉避凶。

就卦象而言，2024年的黃金價位高點容易出現在夏季，而逢低承接的機會將會在開春以後的二月。

石油→外在干擾多，價格容易造成下壓

【地天泰】是2024年原油走勢卦象。這一卦說的是四平八穩，理論上是個吉利的卦象。對於事務的執行而言，代表的是否極泰來，如意順遂，凡事順順執行就好了。不過可惜的是，由於卦象中氣數排列並不吉利，因此這一卦多了外順內厄的現象，象徵的是內部雖力求平順，但外在的干擾甚多，因此恐怕將窮於應付，不堪其擾。對於石油2024年的走勢而言，這是十分貼切的寫照。

再就卦象中的多空架構角度觀察，發覺卦象中的價格元素氣勢並不明顯，以及產油國之間的爭議四起，雖然經過整合得到了共識，不過容易以控制生產的方式管理市場的平衡，因此在價格上容易造成下壓的情形。

再從卦象中的外在牽絆現象看來，2024年能源需求情況容易傾向溫和，應該與許多國家的經濟持續受到通膨壓力的衝擊，進而拖累了能源的需求有關。由於卦象中的關鍵數字是8，因此2024年布蘭特原油均價將容易回落至每桶90元以下。

黃豆→價格居高不下，高點出現在秋天

【火雷噬嗑】是2024年黃豆的走勢卦象。這一卦說的是有困難需

要克服，對於事務的執行而言，代表的是計畫趕不上變化。【火雷噬嗑】本來就是個有缺陷的卦象，困難的條件必須克服，才有機會獲得有效的發展，對於投資求財而言，也是如此。

再以卦象中的多空架構角度觀察，發覺卦象中的價格元素出現了居高不下的現象，雖然在2023年黃豆價格持續下跌，不過從2024年的卦象中卻出現了上漲的訊息，價格的高點容易出現在秋天，夏季最為熱絡。再從影響價格的因素來自於外界，亦即地緣關係、極端氣候，是否與「聖嬰現象」有關值得觀察。根據美國國家海洋暨大氣總署(NOAA)的宣布，「聖嬰現象」再度降臨，上次出現聖嬰現象是在2014至2016年，而2016年是全球有紀錄以來最熱的一年，受氣候暖化影響，科學家預測2024年全球氣溫會再創新高。預計此「聖嬰現象」將嚴重影響到農業和漁業部門。

 ## 玉米→價格步調不協調，高點出現在春天

【乾為天】是2024年玉米走勢的卦象。這一卦說的是氣勢高亢，對於事務的執行而言，代表的是繼續堅守本分，方能得大通大利之應，對於投資求財而言，也是如此。【乾為天】本來就是個氣宇軒昂的卦象，將此卦用在對於玉米走勢的觀察，再加上卦象中的多空架構角度解讀，不難發覺此處所說得「氣勢高亢」與「氣宇軒昂」，指的是生產量而非價格。

再就卦象中的多空架構角度觀察，發覺卦象中的多方氣勢雖然明顯，但後繼力道卻受到主客觀條件的牽絆，再加上引動價格上漲的元素步調並不協調，因此2024年玉米走勢容易進入熊市。不過對於極端

氣候的影響也不宜小覷，整體而言，價格的高點容易出現在春天，夏天處於震盪狀態，秋冬之後可以爲下一年的投資計畫布局。

小麥→汰弱留強，未來收成持保留態度

【火風鼎】是2024年小麥走勢卦象。這一卦說的是木火相生，沸沸揚揚，理論上這是個汰弱換強的好卦。不過由於卦象中的氣數排列並不理想，因此這裡的【火風鼎】成爲了「巧婦難爲無米之炊」的窘況。根據專家的統計，小麥於2023年的播種進度已然完成，儘管小麥在過去的一年曾經因爲嚴重乾旱影響而產量大減，然而廠商對於未來小麥收成還是持保留態度。

再以卦象中的多空架構角度觀察，發覺卦象中的多方氣勢十分不明顯，雖然多方後繼力道氣勢明顯，並且呈現活絡狀，不過此種現象還是托了空方善意的福。從投資求財的角度來說，該儲備的就不該遲疑。整體來說，這是個靈活運作的卦象，狡兔三窟，任何事情都有三種解決方案，投資求財是如此，商務買賣更是如此。

美元→見好就收，營造順勢財利

【雷火豐】是2024年美元走勢卦象。這一卦說的是豐富與豐碩，對於事務的執行而言，代表的是做好計畫，再依照計畫行事就可達成目標。因此理論上這是個好卦，不過可惜的是，由於卦象的氣數排列並不理想，占得此卦面對所執行的事務，反而需要謹慎，而最好的趨吉避凶將會是短線運作，並且做好隨時見好便收的準備。而有趣的是，此種策略也是2024年美元投資求財的寫照。

再以卦象中的多空架構角度觀察，發覺卦象中升值的元素雖然氣勢明顯，但步驟和步調卻十分不協調。代表的是，美元在2024年的升值空間與動能並不大，反而容易出現因為因應市場與政策動向，存在著走軟的現象，時間容易出現在年中之後。整體而言，美元的強勢地位還是很難動搖，因此有機會營造順勢財利。

歐元→隨機應變，機會在不被看好時出現

【天風姤】是2024年歐元走勢卦象。這一卦說的是機會，理論上這是個好卦，因為容易不期而遇。不過可惜的是，由於卦象的氣數排

列並不理想，因此反而呈現行動受阻的現象。對於事務的執行而言，這一卦的趨吉避凶在於隨機應變。對於投資求財而言，也是如此。再以卦象中的多空架構角度觀察，發覺機會總是在不被看好的時候出現。卦象中的多方雖然不明顯，不過還是因為受到激勵而有所表現，不過此種表現終究屬於短線。尤其是卦象中影響大幅升值的元素動作頻頻，因此儘管美元走強的背景下，全球非美貨幣曾一度因為持續承壓而超貶後一度回神。不過，還是有金融機構認為由於歐洲經濟增長放緩，預期2024年歐元兌美元匯率將跌至1.03機率十分大。

人民幣→ 基本穩定，呈現狹幅震盪走勢

【水風井】是2024年人民幣走勢卦象。這一卦說的是「想怎麼收穫，先那麼栽」，天底下沒有白吃的午餐。對於事務的執行而言，代表的是步步為營與見招拆招。理論上，這一卦算得上是個好卦，因為辛苦有成。不過可惜的是，整體卦象氣數並不理想，因此必須很辛苦才會有成效。對於投資求財而言，也是如此。再以卦象中的多空架構角度觀察，發覺卦象中的多方氣勢明顯，因此不容易出現超貶的現象。再加上，推升價格的元素雖然氣勢不佳，卻也動作頻頻，代表有關單位主導不希望過度貶值，而升值的空間也不大。最有可能的發展是維持基本穩定的卦象，代表一切都在必要的管控中，因此人民幣兌美元的匯率，容易以狹幅震盪的方式呈現，大約在7.00至7.40上下橫向發展。

台幣→氣勢不佳，升值機率不大

【水火既濟】是2024年台幣走勢卦象。這一卦說的是水乳交融，如膠似漆。對於事務的執行而言，代表的是雖然辛苦卻也關關難過關關過。再從卦象中的氣數排列角度觀察，發覺這是個為了某種目的，而執行某個動作的卦象，對於投資求財也是如此。

再以卦象中的多空架構角度觀察，發覺卦象中的多方氣勢雖盛，但身影卻不十分明顯。再加上多方的後繼力道，不但氣勢不佳，還處於自顧不暇的狀態，因此台幣在2024年升值的機率並不大。再來觀察卦象中的空方動向，由於空方把關，而得到了高級單位的認同，因此台幣在2024年將繼續停留在30元以上。

在過去一旦遇到此種持續貶值的情形，有關單位早就出手干預了，而在【水火既濟】卦象之下，卻出現了放任的現象。可以想像是真正達到了「水乳交融」的境界。再從卦象中的關鍵數字為3、1，因此台幣兌美元容易在32元上下1元的幅度震盪，一時半刻還是會處於居高不下的狀態。

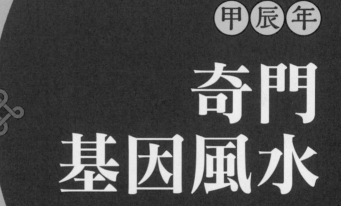

甲辰年

奇門
基因風水

「九運」開始的第一年，
布置旺20年的元運風水

人的一生中有幾個20年？並且是翻天覆地整體轉變的20年！
如果這是翻轉運勢的機會，你會掌握嗎？
就像財富與社會資源重新分配一樣，你會想積極參與拼一拼嗎？

　　答案都會是肯定的，只因為接下來的20年將會是整體改革的新紀元，而2024就是新紀元的第一年，因為2024甲辰龍年是三元風水中「九運」開始的第一年。正所謂「好的開始，就是成功的一半」，讓我們一起在第一個時間就掌握成功的資源與能量，就從布置合乎元運與流年的風水布局開始。

　　先從九運說起。九運屬於離卦，離卦五行屬火，代表的人物是女性，因此被認為未來的20年女性當道的現象蔚為主流。離卦是改革的寫照，因此整體大環境的發展與物件規格特質容易出現極大的變數，有很多的行業將會被AI給取代，因此有必要從九運開始的第一年就做好改革的準備。這是陶文老師常說的「不選擇改變，就會被選擇改變」。

　　未來20年，大財富位在東南方，文昌位則在正南方，代表未來的財富在電商、ＡＩ，文化出版將會普遍電子化。貴人位在西南方，官貴星在西北，九紫右弼喜神位在中宮，前述這些方位宣布旺運風水局。而凶星則需要布「化煞為權」風水局，如五黃廉貞凶星在正北，二黑病符凶星在正西方，劫財星在東北方，而七赤破軍小人星則在正

東方。

　其次來討論2024流年運。三碧祿存星入中，代表的是整體經濟情況將不如預期，只因爲劫財星主事。二黑病符星飛到東南方，象徵疫情雖然已然近似結束，不過其他的傳染性病毒還是需要提防。八白大財富星則進入正北方，代表想要賺錢，想讓錢財留下來，要開發新財源，冷門標的最爲理想。重要的是，文昌星在西北方成爲合十旺方，雖然也是歲破方，然而只要布好風水局，極容易名利雙收。

　至於詳細風水布局，還是請閱讀「奇門基因風水」每個方位的布局策略。

正北方 | 擺放聚寶盆，業績長紅旺財富

我有賺錢的本領，但錢財總是留不下來，怎麼辦？結婚多年膝下無子，醫生認為有機會，請問風水布局有幫助嗎？請問什麼是「既可旺財富，又可旺家宅田產，富貴功名一應俱全」的風水局？想布局新事業出發、企業轉型、斜槓事業順利成功，並且創造財富的風水局，請看這裡。啟動旺20年財運的風水布局，你想要嗎？

九離運的第一年，具有流年「財庫星」的「八白左輔星」飛到正北方。這是一種清新的現象，因為出現了【山水蒙卦】，代表掌握新機，重新出發，於是正北方成為了充滿創造新財富機會的能量場。

九星風水學中「八白左輔星」是二級吉星，號財星，性慈祥，可以化凶為吉，化煞為權，化病為祥。然而，所有星曜都具有一體兩面特質，布局得當自然會出現吉利效應，反之就容易出現星曜的負面特質，那就是刑剋人口，小兒損傷，離家不歸，甚至於容易出現傷殘血光之災。

由此可知，「八白大財富星」還是務必給予符合星曜正向特質的布局，才會既可旺財富，又可旺家宅田產，富貴功名一應俱全。尤其

是在九離運的第一年，更是啟動未來20年好運的起始年。不論是居家，還是辦公室，甚至於自己的辦公桌都需要布局。

奇門風水開運策略

五行屬土的「八白左輔星」，飛到五行屬水的「正北方」，形成了【山水蒙卦】。

【山水蒙】是個好卦，說的是泉水清新湧現，代表新生命與新契機的展現，因此風水布局得好，開啟的是新生命式的好運勢，反之則運勢容易遭到蒙蔽式的厄運，並且影響未來20年。

- 旺財富、業績長紅：
  1. 擺放聚寶盆：顏色最好是白色、乳白色、金色（黃金聚寶盆）。內置100顆硬幣，1元到50元都需要，代表大小通吃。再加上一顆自然水晶，如黃金虎眼石、白水晶、白瑪瑙、金幣、開運銀元（龍銀），總數是101，代表滿分後的再突破。
  2. 擺放陰陽水：圓形玻璃魚缸，缸口波浪形，內置八分陰陽水（自來水與冷開水各半），擺放6個1元硬幣與五行水晶碎石，再加上黃金葛，缸口繫上紅色緞帶。五行相生有序，讓財富綿綿不絕。
- 旺家宅興田產：擺放聚寶盆、白水晶、黃金虎眼石球、白瑪瑙、白色大象。
- 旺事業功名利祿：擺放白水晶、黃金虎眼石、文昌塔燈。

西南方 ｜ 擺放綠色盆栽，旺事業貴人

明槍易躲，暗箭難防，要如何防？如化小人為貴人？喜氣洋洋，家業興盛，和樂融融，風水上要如何布局？歲煞星務必化解，請問風水策略是什麼？聽說今年有讓家運興旺如日中天的風水局，該如何做？

有關係就沒關係，沒關係就要找關係。關係很重要，而這個「關係」指的就是「貴人」。

「九紫右弼星」是「暗貴人星」，五行屬火，色紫紅，是個大好大壞的星曜，號稱「吉慶星」，也是「貴人桃花星」。由於性情急躁，因此具有「趕煞催貴」的作用，也就是遇到好的風水布局，立即發福，因此也被稱為「寅做卯發星」，反之凶象也極容易出現勃然大禍，「暗貴人」也變成了「暗小人」防不勝防。

2024甲辰龍年，「九紫右弼星」飛到「西南方」，因此形成了【火地晉卦】。此方布興旺風水局，可望讓家運如日中天，家庭和樂安康，讓「九紫右弼星」的吉慶特質充分展現。由於【火地晉卦】的火土效應極強，以及2024年的「歲煞星」也在此方，因此西南方忌諱再使用紅紫色布局，白色將會是理想的化煞色系，再加上此方可置

水，因此宜擺放陰陽水，不過「西南方」是先天「病符方」，再加上「歲煞星」作祟，因此還是擺放「帝王水」為佳。

奇門風水開運策略

「九紫右弼星」五行屬火，飛臨「西南方」而成【火地晉卦】，火土相生本是美事，不過由於「歲煞星」也在此方，因此為了避免此方成為家宅或辦公室訴病方，最好讓整個宮位「五行相生有序」，火生土，土生金，金生水，水生木，木又再生火，如此相生不已家運與公司運肯定如日中天。

首先，家宅與辦公室此方以白色、乳白色系列布局，再佐以藍色、粉綠則五行相生有序，「吉慶」能量將獲得展現。

- 旺財富：擺放陰陽水。圓形玻璃魚缸，缸口波浪形，內置八分陰陽水（自來水與冷開水各半），擺放6個1元硬幣與五行水晶碎石，再加上黃金葛，缸口繫上紅色緞帶。五行相生有序，讓財富綿綿不絕。
- 化煞為權：
  1. 擺放帝王水：圓形透明容器如魚缸、玻璃杯，內置八分「陰陽水」，再加上兩匙「粗鹽」。缸底擺放白色碟盤，以便收取「帝王水」因磁場感應而生長到外面的結晶。
  2. 擺放特製小羅盤：內含廿四山、先後天卦、九星、六十四卦、玄空和奇門基因祕數。
- 旺事業貴人：擺放綠色盆栽、神龍龜、金屬猴子造型擺件。
- 家運與公司運如日中天：擺放白水晶、黃金虎眼石、文昌塔燈、龍銀、綠色盆栽、黑曜石神龍龜。

點一盞「官貴燈」，事業前程似錦

正東方

職場上總是遇不到貴人，要如何布局風水？朝中有人好辦事，如果沒有要如何讓事業更順遂？為小孩的事業運布局風水，該怎麼做？我的事業剛開始，需要順利穩定發展的能量，可以怎麼布局？我的工作需要增員，請問如何布置招賢納士風水局？

朝中無人莫做官，朝中有人好辦事。事業職場有長官貴人罩，是何等幸運！不過只要將居家和辦公室的「官貴位」布局好風水，也容易獲得相同的幸運能量喔！

九星學術中「一白貪狼星」就是「官貴星」的代表，祂是一級吉星，吉利程度可想而知。2024年「一白貪狼星」飛臨到「正東方」，形成了【水雷屯卦】。古書說「一白為官星之應，主宰文章。」因此2024年的正東方成為了快速發達的「官貴位」，對於新事業的穩定發展和企業成功轉型具有極大的幫助。

「一白貪狼星」五行屬水，喜歡「金」元素來相生，也喜歡「水」元素來幫忙，因此在「正東方」可以擺放「陰陽水」，不適合再擺放綠色盆栽，可以點一盞「官貴燈」，讓事業發展更有前景。事

實上，「一白貪狼星」也是「財丁兩旺」之星，此方布局對於企業的招賢納士十分有幫助。

奇門風水開運策略

　　「一白貪狼星」五行屬水，如果得金水相助，官貴之氣更加提升，居家此方乾淨明亮，對於子女的事業運有極大的助益。辦公室則擺放鮮花，則容易名利雙收。

- 旺貴人：擺放陰陽水：圓形玻璃魚缸，缸口波浪形，內置八分陰陽水（自來水與冷開水各半），擺放6個1元硬幣與五行水晶碎石，再加上黃金葛，缸口繫上紅色緞帶。五行相生有序，讓財富綿綿不絕。
- 前程似錦：正東方保持乾淨、明亮，並且點一盞「官貴燈」，事業發展將會更加順遂。「官貴燈」可以是檯燈、壁燈、鹽燈與吸頂燈，24小時點亮，事業前程似錦。
- 招賢納士：擺放橄欖石、石榴石或懸掛石榴果的圖片，亦可懸掛百子圖。辦公室的桌上可以擺放多肉植物「蕾絲公主」，企業主或高階主管則擺放白水晶簇。

東南方 | 擺放帝王水，化病為祥

　　想讓家人更健康，要如何布風水局？我們家業務有氣無力，業績收入更是如此，該如何布風水局？我們家成員不和睦，公司氣氛也不理想，風水上可有紓解對策？

　　後疫情時代，人們還是習慣戴上口罩外出，因為感受到健康的珍貴。要家人健康，居家清潔十分重要，陽光充足，空氣流通，飲水安全，自然不容易生病。不過在風水氣場上還是需要提防「病符星」的干擾，因此「病符位」需要特別的風水布局。對於企業而言，更是如此，特別是財會部門和業務部門都不宜設在「病符方」，否則公司營運不只是有氣無力而已。一旦在「病符位」務必布化解的風水局。

　　「二黑巨門星」是一級凶星，號病符，是顆憂愁抑鬱的星曜，因此是風水專家們最頭痛的星曜。不過雖然是「病符星」，當風水布局得當的時候，反而會旺宅、發田財，甚至於也會旺人丁，只因為「二黑巨門星」的先天位在「坤卦」。

　　「二黑巨門星」五行屬土，但不喜歡「火」元素來相生，喜歡見到「金」元素來紓解。因此「病符星」飛臨的地方適合白色的布局，以及金屬元素擺件。

奇門風水開運策略

　　2024年「二黑巨門星」飛臨「東南方」，形成了【地風升卦】。這是一種婆媳或母女不合的卦象，這一年最辛苦的將會是「主母」。就社會現象來說，雖然疫情已經舒緩，不過還是需要提防其他傳染性的病毒，這是一種渲染的寫照。

　　居家東南方布局化解「病符星」讓家人更健康，辦公室東南方布風水局，則不難提升整體工作績效。

- 化病為祥：
    1. 擺放陰陽水：可淨化氣場，用圓形玻璃魚缸，缸口波浪形，內置八分陰陽水（自來水與冷開水各半），擺放6個1元硬幣與五行水晶碎石，再加上黃金葛，缸口繫上紅色緞帶。五行相生有序，讓財富綿綿不絕。
    2. 擺放帝王水：陰陽水不如帝王水，圓形透明容器如魚缸、玻璃杯，內置八分「陰陽水」，再加上兩匙「粗鹽」。缸底擺放白色碟盤，以便收取「帝王水」因磁場感應而生長到外面的結晶。
    3. 擺放特製小羅盤：內含廿四山、先後天卦、九星、六十四卦、玄空和奇門基因祕數。
- 家庭和睦：可擺放黑曜石貔貅、神龍龜、白水晶。
- 旺田財：進入九運，「二黑巨門星」進入當旺狀態，因此只要化解得當即可旺家宅和田財。以白色系布局空間，宜擺放白色彌勒佛、鈦晶礦石、白瑪瑙、龍銀。

中宮方 | 陰陽水搭配鹽燈，化劫財為生財

家庭運一直都有狀況，但就是找不到原因，希望在風水上可以補強。交通安全很重要，除了謹慎，請問如何布局防車關的風水局？守財不易，防劫財也不容易，今年化劫財為生財的風水如何布局？如何降低家人暴躁的氣氛，除了裝潢布置外，風水布局是否可以幫上忙？家人要創業，請問有可以幫上忙的風水布局嗎？

「三碧祿存星」被稱為「盜賊之星」，也是讓人退避三舍的「劫財星」，居家和辦公室的「劫財位」一定要給予化解的布局，否則就像財庫破個洞一樣，再怎麼虔誠拜拜補財庫也發揮不了作用。

九星風水學中，「三碧祿存星」是個凶星，號蚩尤，具有好勇鬥狠的特性，因此當氣場不佳的時候，最容易出現逞凶鬥狠的後代，家人脾氣暴躁，因此常招惹口舌是非與官非，嚴重的還有倒家敗財之憂。另外，常說的「車關」與「血光」也和「三碧祿存星」有關。

不過任何星曜都是一體兩面，「三碧祿存星」也是如此，風水局做的好，「三碧祿存星」反而會呈現正向的一面，那就是興家創業，到財祿豐盈，亦即所謂的「化劫財為生財」。

奇門風水開運策略

　　2024年「三碧綠存星」飛臨屋宅的「正中央」，也就是九星學術中所說的「中宮[1]」。代表主導這一年氣息的就是「三碧祿存星」，市場上的競爭會白熱化，而想提升公司的市場競爭力，「三碧祿存星」飛臨的中宮就需要好好布局。

- 化劫財為生財：擺放陰陽水或帝王水和特製小羅盤。擺放陰陽水，需要搭配鹽燈，以便製造五行相生有序的氣場。
- 化解焦躁、車關、血光：可擺放紅、紫色花卉，粉紅色的布置，紫晶洞和長明燈。
- 幫助創業：多用紅色布置中宮，紫晶洞、紅色福，再加上長明燈。

---

1 「中宮」指的是屋宅正中央的位置。

「飛星派風水學」中將屋宅空間劃「井字」，稱為「九宮格」。

「中宮」就是位於「九宮格」的中央位置。

對於家庭而言，其實「客廳」是家人共同生活的中心處所，因此「中宮」也泛指「客廳」。雖然「客廳」不一定位於「中央位置」，但不論在哪個位置都適合運用「中宮風水布局法」化解劫財並催旺家運。

西北方 | 紅紫色系花卉，旺人緣和財源

　　我需要提升人緣的風水布局，我需要可以提升子女考試運的風水布局。希望提升業績，可以布局快速成交風水局嗎？我的座位在歲破方，請問風水布局如何化解？

　　「文昌星」雖然是「平星」，不過由於是顆智慧人緣星，因此經過旺相布局的能量是吉利的。「文昌星」不僅僅在考試求學的「登科甲第」，同時也是「加官晉爵」的貴氣星，更是一般人的「財富星」。商務企業人士供奉「文昌星君」，商務活絡，業績長紅，財源廣進。一般商家供奉「文昌星君」，則生意興隆，遠近馳名，貴客盈門。薪水族也能在職場上更吃香，只因為人緣佳。將居家和辦公室的「文昌位」給予優質的布局，也容易獲得以上相同的吉利感應。

　　「四綠文昌星」在「飛星派風水學」十分被看中，陶文老師在協助企業朋友與業主選購總部、商店與居家的時候，第一個需要勘查的就是「文昌位」，一旦被廁所占據只有忍痛放棄，逼不得已才進行改善。

　　「四綠文昌星」五行屬木，因此具有成長的生命力，「文昌位」布局的好，官位節節高升，事業欣欣向榮，商務興盛繁榮，人緣佳、業績夯。不過任何星曜都有一體兩面的特質，因此「文昌位」布局不

佳，或是缺陷、汙穢，則容易出現不得志的情況，遭小人，甚至坑家敗業，不可掉以輕心。

奇門風水開運策略

　　2024年「四綠文昌星」飛臨屋宅的「西北方」，於是形成了【風天小畜卦】，只要布局得當，求名得名，求財得財，是種容易名利雙收的格局。不過由於「西北方」為「歲破方」，因此需要執行「合太歲」的布局。

　　「四綠文昌星」五行屬木，因此喜歡「水」元素來相生，只不過下元運中「西北方」不宜置水，因此更換方式與物件，藍色、淺藍色是布局擺件的吉利色系，維持明亮潔淨則是必須，陽光充足，空氣流通，花卉芬芳，「文昌星」必定常駐並提供超強能量。

- 名利雙收：擺放文昌燈（可用「帝王水」結晶後的魚缸，內置蠟燭或燈）、聚寶盆、紅色花卉、粉晶、瑪瑙。
- 旺人緣和財源：可擺放紅、紫色花卉，粉紅色的布置，紫晶洞、文昌燈和粉水晶。擺放聚寶盆，發商務與智慧財，顏色與材質最好是陶土。內置100顆硬幣，1元到50元都需要，代表大小通吃。再加上一顆自然水晶，如黃金虎眼石、白水晶、白瑪瑙、金幣、開運銀元（龍銀），總數是101，代表滿分後的再突破。
- 化解歲破：甲辰龍年「太歲星」在東南方，位於西北方的「文昌位」成為了「歲破方」，並不吉利需要化解。化解「歲破」最好的方式就是「合太歲」，「歲合星」是「酉雞」，因此在西北方宜擺放「金雞報喜」雕飾（大小不拘），材質以白色陶瓷為佳，記得底部要擺放藍色墊子。
- 特製小羅盤：內含廿四山、先後天卦、九星、六十四卦、玄空和奇門基因祕數。

正西方 │ 擺放白色花瓶，保平安化煞氣

希望家人和公司成員可以更和睦，莫名情緒可以得到化解。家運阻礙，家人焦慮，氣場的鬱悶，是不是風水出了問題？我的座位正好在「五黃煞位」，無法遷移，要如何化解風水局？

許多時候，家人或公司成員出現莫名的情緒，以及莫名的厄運，甚至影響健康、事業和財運，怎麼也找不到原因。這個時候，居家的「五黃位」值得觀察，首先將「五黃位」整理乾淨，移開重物或高熱的物件，愈清爽愈好。真的不要不信邪！「五黃位」的「五黃煞」真的冒犯不得！

「飛星風水派」對於「五黃煞」非常敬畏，只因為這是三方四正晦氣聚集的地方。「五黃位」宜靜不宜動，忌諱大興土木，宜開闊，忌諱逼迫。「五黃煞」宜以疏導的方式化解，古書記載「五黃廉貞星」是凶煞星，號稱「正關煞」，是顆極厄星星，其凶煞的程度可見一斑。

「五黃廉貞星」五行屬土，因此喜歡見到「金」元素紓解煞氣，早期是使用「銅鈴」化煞，而由於風水和美觀需要相結合，因此化解

的物件就愈來愈美觀，例如白色花瓶最常被運用，只因為花瓶代表平平安安，白色屬金可以紓解五黃土氣。

奇門風水開運策略

2024年「五黃廉貞星」飛臨屋宅的正西方，雖然正西方是甲辰龍年的「歲合位」，同時也是「人緣桃花位」，不過如果「五黃廉貞星」的煞氣得不到化解，「歲合星」合住的很可能是負面的事務與小人，而「人緣桃花位」則有極大的可能招引到「爛桃花」或成為爛好人。

值得一提的是，「五黃廉貞星」雖然凶厄，不過當「五黃位」布局得當，煞氣得到紓解的時候，反而容易引動「化煞為權」的能量。

- 提升人緣桃花：
  1. 擺放白色花卉（如白色百合花）、白色彌勒佛或白色水晶。
  2. 三顆蘋果：三顆蘋果代表平平安安，一定要真實的蘋果，一直擺放直到軟了，快壞了，再丟棄。愈成熟的蘋果味道，愈能夠化煞，又招引人緣桃花。
- 化煞為權：
  1. 白色粗鹽山：用小碟子，將白色粗鹽堆成小山，擺在正西方，兩星期更換一次（依照奇門遁甲或農民曆上的吉日），換下來的粗鹽可以擺放進「帝王水」裡。
  2. 特製小羅盤：內含廿四山、先後天卦、九星、六十四卦、玄空和奇門基因祕數。

五鬼風水運財，招財納氣

東北方

　　我從事公家招標業務，如何布風水局，讓業務順心如意？我希望可以獲得升遷的機會，要如何布風水局？望子成龍，望女成鳳，希望子女的事業運亨通，貴人明顯。請問如何發「貴人財」，風水布局有幫助嗎？

　　宇宙第一大吉星，就是「六白武曲星」，古書記載為一級吉星，號稱官貴星，是個貴人之星。

　　企業家最需要這顆星曜了，因為有機會讓公司聞名天下，有了名，利自然就會跟隨而來，因此「六白武曲星」是財氣逼人的星曜。公務人員和高階主管有了「六白武曲星」的護持，自然容易升官得利。即便是一般人，也因為「武曲位」布局得好，而事業順利，發貴人財。居家「武曲位」布局好，子女的學業也容易順遂，因為「六白武曲星」也是有利「登科甲第」的星曜。古書記載「登科甲第、威權震世、巨富多丁、君子加官、庶人進財」，「六白武曲星」果然是宇宙第一大吉星。

　　「六白武曲星」五行屬金，乾卦位。喜歡「土」元素相生，更喜歡「金」元素突顯貴氣，因此吉利的色系是金色、黃色、白色和銀色。

流年飛臨的「武曲位」只要布局得當，就容易「貴人明顯，財運、考試、升官得利」。

奇門風水開運策略

「六白武曲星」五行屬金，飛臨「東北方」而成【天山遯卦】，為「五鬼運財」的位置多了貴氣，這是發「貴人財」最為理想的地方。2024年將會是個「發財有理，致富有方」之年，企業就從打響名號開始，而風水則從布好「武曲位」的好風水開始。不過，依據「一體兩面」的特質，當「武曲位」沒有得到理想的布局，或是有水路衝、屋角斜射或是水池耗泄，則反而容易「伶仃孤苦、傷損人丁、損貴氣、傷事業」，不可不防。

- 發貴人財：
  1. 擺放水晶礦石：白水晶、紫水晶、紫晶洞、黃金虎眼石、鈦晶……等，都是具有生助貴人財的功效。由於「乾金」是圓滿的，因此這些礦石以圓形或球形為佳，溫潤為宜。
  2. 擺放聚寶盆：顏色最好是白色、乳白色、金色（黃金聚寶盆）。內置100顆硬幣，1元到50元都需要，代表大小通吃。再加上一顆自然水晶，如黃金虎眼石、白水晶、白瑪瑙、金幣、開運銀元（龍銀），總數是101，代表滿分後的再突破。達到「發財有理，致富有方」的境界。
  3. 五鬼運財：在聚寶盆前面擺放一對黑曜石神龍龜，聚寶盆內擺放「龍銀」和「黃金虎眼一葉致富石」。
- 升官得利：
  1. 金算盤：黃金尊貴，算盤算盡天機，招引財氣升官。
  2. 馬上封侯：擺放「馬上封侯」擺件或懸掛「馬上封侯圖」。
  3. 擺放金飯碗：代表事業「金」順利，仕途平坦，扶搖直上。
- 貴人明顯：擺放紫水晶或隨身攜帶紫水晶配飾、白瑪瑙花生。

正南方 | 配戴虎眼石平安扣，化小人為貴人

　　眼中只有貴人，就看不見小人，但還是希望可以化小人為貴人。辦公室的氣氛十分僵，請問要如何運用風水來舒緩？我在創業，請問什麼樣的風水布局對於我有幫助？秒殺小人，是很多人的希望，但風水布局不但可以秒殺，更可以秒轉。

　　想要擁有貴人，就先成為別人的貴人。其實小人的定義很有意思，有人說「直接批評指教的小人，其實是貴人」，因為他們讓我們有可以更好的機會。最可怕的小人，反而是表面笑嘻嘻，背地裡搞小動作的人。如果這是小人的定義，那麼「七赤破軍星」肯定不會是「搞小動作」的小人，只因為「七赤破軍星」雖然是顆「凶星」，號肅煞，被認為是「小人星」，也是「盜賊星」。不過，當風水布局恰當的時候，「七赤破軍星」卻是顆開疆闢土的星曜，外局變形式優容易出優秀後代。如形狀如葫蘆，有利醫師賢士；文筆鋒如101大樓，則有利文人學士；圓形壯麗，則出將相，添人丁，招賢納士。因此居家和辦公室的「破軍位」十分重要，布局得好化煞為權，大利創業與翻轉事業。反之，就不妙了。

　　「七赤破軍星」五行屬金，顏色是赤紅，不過並不喜歡赤紅色的

布局，反而喜歡黃色系列的布置。目的是舒緩「破軍星」的肅煞之氣，化戾氣為祥和，也就是化小人為貴人，因此「破軍位」的布局十分重要。

奇門風水開運策略

2024年「七赤破軍星」飛臨正南方，形成了【澤火革卦】。可以預見的是，這一年中世界上的政治圈與商務大人圈會出現大地震，大換血是可以預期的現象。如果辦公室的正南方做好布局，則任何震動都是好的，任何換血也是健康的。居家布局好風水，對於家人的事業具有強大的助益。

- 出將相、添人丁、創業與轉型成功：
  1. 擺放圓形擺飾：如水晶球或黃色球形的裝飾、地球儀、圓形的山水畫、黃色背景的偉人（偶像）的畫像、特殊製作小羅盤……等。
  2. 擺放石頭：山主人丁，水主財。石頭就是人丁的代表，可以招賢納士，也可以添人丁。石頭以秀麗溫潤為佳，顏色則以原始顏色為宜。
  3. 擺放地瓜盆栽：在白色或黃色器皿裡，擺放地瓜讓它自然冒芽，除了有自然生命的美，還有地瓜化煞為權的能量，擺在辦公桌上具有「財丁兩旺」的象徵。（地瓜藤不宜過長，可以修剪和隨時替換。）
- 化小人為貴人：黃色布局（橘黃、蛋黃或溫暖的黃），擺放或隨身攜帶黃金虎眼石平安扣、白色瑪瑙花生、墨翠或黑曜石回頭鹿平安扣。不但化小人為貴人，同時讓事業順遂，好事不斷發生。

甲辰年

奇門基因
12 生肖

「重啟人生」成為了
2024 甲辰龍年特殊寫照

如果人生可以重來一次，你會做出什麼樣的不同選擇？
如果人生出現了可以重新選擇的機會，
明知是錯誤，你會選擇再錯一次嗎？
老天爺提供了可以重新啟動的機會，
你想重新來過的會是生命中的哪一個部份？

　　這些問題看起來是天方夜譚，但這些問題也出現在去年初超夯的日劇《重啟人生》中，事實上這樣「穿越劇」的思維與情節，也一直都存在人們的內心世界中。幸運的是，2024年的整體宇宙磁場就提供了此種「重啟人生」的能量與機會，目前就在面臨後疫情時代的轉變，2024甲辰龍年真的是個值得用心用力掌握的一年，因為這是個有機會重新啟動生命的流年。

　　讓生命重新啟動的能量來自於冥王星20年左右一次的「過宮」。具有超大能量，代表死亡與重生，以及破壞與建設的冥王星，經過了一整年的來回之後，將於2024年11月正式進入改革的宮位，於是新世界的新生命型態將會因而獲得定型。

　　而20年一變的「三元風水時空蛻變」的時間點，也將出現在2024

甲辰龍年，世界將脫離「八艮運」，進入代表改革的「九離運」，往後20年脫胎換骨的新格局從此獲得了啟動。

千變萬化是龍根深蒂固的傳統印象，因此有神龍見首不見尾之說；而《易經》乾卦更是以龍為引喻，因此有了「六龍御天之說」。乾卦是個尊貴的卦象，因此龍的地位可想而知。

甲辰龍年的太歲星干支結構是上木下土，甲木為十干之首，而辰龍在節氣的位置為季春，始於春分之後的第十五天，為春暖花開之後的繁茂，因此由甲木所引導的龍年，具有成長、發生、蛻變與欣欣向榮的特質。

綜合天星結構與三元風水推衍，再加上甲辰太歲星的氣數特質，以及正值後疫情時代的轉化期，於是「重啟人生」成為了2024甲辰龍年特殊寫照。

就太歲整體五行結構而言，甲辰為太歲坐水庫年，由於辰是土與水的並存，因此這一年中只要加上努力與學習，對於一般人而言，想要守住財富與興建家園並非難事。

換個角度來說，甲辰太歲賜予人們的是財富、家園與心想事成，而五行中的火成為了啟動整體太歲圓滿結構的關鍵元素。回歸現實面的角度來說，火的元素就是學習、努力與蛻變，同時也是「重啟人生」的必須要件。

2024年生肖運勢前三名：❶ 虎、❷ 雞、❸ 鼠

設妥努力的方向，讓夢想實現

（鼠）

夢想有多大，世界就有多大，有人這麼說。夢想，就像幸福的青鳥，只留給一心想要贏得的人，也有人這麼說。機會的流年，夢想的世界，每天進步一點點，幸福快樂到永遠，這是老鼠們在2024龍年的流年寫實。

亮點色系	幸運點色系	幸運數字	吉利方位
黃色	紅色	1、2、9、0	南方
白色、綠色	紫色、藍色	及其組合	西南方、正北方

亮點色系：根據宇宙大自然或太歲星所提供較豐富的能量，充分運用會成為開運亮點元素與色系。
幸運點色系：流年運勢最需要補充與強化的元素與色系。

流年運勢

心在哪裡，世界就在哪裡。心動就該馬上行動，機會星與才華星同步的時候，感覺對了，就該開啟行動計畫，再按照計畫行事。對於老鼠而言，這是個大利努力讓夢想實現的流年，只因為在甲辰龍年太歲氣數中出現了這個訊息，而讓夢想實現的第一個要件就是行動，第二個要件就是努力不懈，最重要的是設妥努力的方向與目標。

太歲三合星提供了老鼠們幸運的能量，就是這股能量，讓扮演太歲將星的老鼠們在人生的思維上出現了新的感覺。直接以結果論的角度來說，對於老鼠而言，2024甲辰龍年是個成功的流年，因此這是個值得努力的一年，因為有機會脫胎換骨。可惜的是，甲辰太歲提供了進可攻退可守的運作籌碼與空間，然而並沒有提供努力的目標和方向。其實這就是太歲星值得尊敬的地方，因為當所有的需求與條件都

完整提供了，人就沒有了需要努力的必須與空間，而這個時候的任何成就也沒有了珍貴感。

整體而言，老鼠們是甲辰太歲星的「將星」代表，象徵的是有擔當，也願意承擔，因此辛苦有成。而甲辰太歲則是老鼠們的智慧星，這是顆具有創造財富能量的智慧星，因此甲辰龍年對於老鼠而言，將會是個精彩的流年，許多的精彩故事將獲得創造，企業老鼠的公司營運更有機會順勢轉型。再以甲辰龍年的太歲五行結構觀察，發覺木土的結構中並沒有太多其他的元素，尤其嚴重缺乏努力的方向和目標。老鼠們可多用紅色與強化正南方的風水布局，請參考「生肖開運風水篇」。而真正可以努力營造的就是自己的設定，只要設妥目標，鎖定方向，並且努力不懈，成功就不再是傳奇。雖然如此，由於年犯「五鬼」和「官符」，在設定新流年目標的同時，最好也設定檢視的機制，只為了規避「五鬼星」的徒勞無功。據說，飛彈在命中目標之前，每一秒中會經過60次以上的修正，最後才有機會精準命中目標。至於「官符星」厄勢力的化解在於謹慎與小心，生活中的承諾更是如此，至於與法律相關的事務，最好委請法律專家協助。

事業運勢

太歲將星主事，再加上太歲三合星，以及智慧星，老鼠們的事業運勢是順遂的。由於嶄新出發的氣場頗為明顯，對於企業老鼠而言，這是一種具有開創新局能量的一年。在後疫情時代，即便是百年老店都必要順著太歲星的氣勢，給自己一個嶄新的龍年。

甲辰龍年太歲的智慧星雖具有開創新局的氣場，不過由於延續性發展的能量尚待開發，因此持續性與多元性的學習十分重要。商務貿

賣老鼠，設定年度目標十分重要，因爲有了靶才有機會將箭射出。薪水族老鼠的事業旺運策略就是考取證照，獲得權威的背書。

　　整體而言，事業氣勢十分活絡，只要強化學習與延續性發展的元素，老鼠們極容易創造下一個精彩12年好運勢。紅色與紫色是關鍵吉利色系，因此黃金虎眼石與紫水晶的配戴十分重要。

財利運勢

　　智慧星是太歲提供的禮物，理論上這顆智慧星也是顆生財有道的星曜。不過可惜的是，甲辰太歲只提供了智慧，卻沒有同步提供財富的能量，在如此這般的太歲氣數下，如果沒有適當的趨吉避凶與策略，甲辰龍年對於老鼠的財富而言，恐怕將會是事倍功半。從太歲五行氣數結構角度觀察，發覺對於老鼠而言，想要辛苦有成，事半功倍，就需要做好設定目標的功課，並且隨時檢視達成的效率與修正目標與策略。從生活的角度來說，學習與行動是絕佳策略。再以太歲五行氣數結構來說，這顆流年財富星的五行屬火，因此紅色與紫色成爲了旺財色系。由於屬於離卦的範疇，因此規劃的同時也需要學會如何布局，掌握環境變數，隨時修正事業上的策略，老鼠不難成爲財富大贏家。

　　整體而言，財富以夏天爲佳，春天布局，夏天收成。秋天養精蓄銳，多天再度布局。能源、電池、網路、電商、資訊、AI等標的值得關注。

情緣運勢

　　事業星氣勢明顯的今年，相對於情緣運勢，老鼠們恐怕會花更多

的時間在事業上，因此「情場失意，職場得意」的情況就很難避免了。對於單身適婚老鼠而言，甲辰龍年建議將生活焦點擺放在「亮點運勢」上，那就是事業的打拼。至於已有伴侶的老鼠，還是需要「以家為重」，唯有「家成」，才有機會「立業」。學習是讓事業運勢放大能量的絕佳途徑，並且是有目標與目的的學習。

值得提醒的是，由於老鼠的五行氣勢在甲辰龍年出現了「入墓」的狀態，那是一種孤獨的感覺，因此容易喜歡上獨處，而在事業上也容易出現孤軍奮戰的情況，因此需要籌組屬於自己的團隊，相對於情緣那就是「家庭」，因此多愛家，好運容易獲得喚醒。

開運風水

太歲三合星和將星交織，再加上智慧星氣勢明顯，這是個有機會讓夢想實現的流年。不過可惜的是，由於甲辰太歲五行氣數結構中缺乏了落實的元素，因此在現實生活中的努力，有必要強化設定目標的功課。而在整體運勢氣數上的強化元素則是火星，因此多用紅色系列的衣服與配件，以及正南方風水布局的強化。

老鼠本命五行屬水，本命方位在正北方，本命吉利五行是金、水，方位則是北方、西北方和正西方，這些方位雖然重要，然而如果想啟動整體運勢的順利運轉，則正南方的到位布局才是當務之急。首先隨身攜帶紫水晶和銀的配飾，然後在居家與辦公室的正南方，擺放紫晶洞或是黃水晶，一般的石頭也可以，但必須圓潤秀麗，可望招貴人與財富。

流年運勢亮點顏色與方位：黃色、白色、綠色。東北方、東南方、正西方。
流年運勢幸運點顏色與方位：紅色、紫色、藍色。南方、西南方、正北方。
流年貴人生肖：牛、蛇、雞、虎。

屬鼠各年次流年運勢

1996年的老鼠（民國85年，丙子年，29歲）

　　成家立業是人生必經的過程，對於85年次的老鼠而言，這是個絕佳的成家年。對於職場而言，此種「成家」代表的就是「組團隊」，有道是「組建團隊，讓團隊為你工作，才是真正的事業家」。單身適婚老鼠，還是將生活焦點擺放在組建事業團隊上為佳。健康是另一門重要課題，雖然年輕就是本錢，但過勞與熬夜對於健康的傷害不可忽視。接下來就是廣結善緣，積累貴人籌碼，開啟未來20年好運勢。

1984年的老鼠（民國73年，甲子年，41歲）

　　太歲三合吉星照拂，這是個吉利的流年。整體運勢中將會以人脈能量為主，這一年大利廣結善緣，更大利合作借力使力，畢竟團隊合作永遠強過於單打獨鬥。

　　家庭運勢格外理想，重要事務皆可順勢而為，例如遷徙、整修、購置不動產，家人的重要事務溝通與定奪更是容易如意順遂。

　　事業上的發展則不一樣，大動作不建議，重要出發與異動仔細思考與計畫後再步步為營為佳。投資求財宜以定期定額，或是儲蓄型概念標的為宜。

1972年的老鼠（民國61年，壬子年，53歲）

文昌星氣勢是太歲星賜予的流年禮物，再加上貴人能量也十分明顯，這將會是個大利出發與轉型後再出發的一年。只不過可惜的是，在太歲五行氣數中缺乏的是目標與行動力，因此老鼠們務必先設妥流年目標與未來三年的計畫，再依照計畫展開行動。

財運方面，木火併運，策略之一是學習開源的本事，策略之二是不貪不懂見好便收，可望多賺少賠。人緣磁場佳，合作機會值得掌握，借力使力少費力。

1960年的老鼠（民國49年，庚子年，65歲）

智慧生財的氣息出現在流年太歲氣數中，代表的是掌握住機會可望創造料想之外的財富。職場事業到了該做調整的時候了，創造副業雖然辛苦，不過成就感十足，再過幾年副業極容易成為賺錢的正業。歲合吉星是貴人，在居家或辦公室的東南方重要位置擺放金雞。人際關係運頗佳，廣結善緣積累貴人。家庭運亦佳，是理想的購屋置產年。

1948年的老鼠（民國37年，戊子年，77歲）

健康將會是今年的首要課題，只因為健康星氣勢不明顯，除了有必要將居家正南方布局健康好風水外，養生作息更加重要。如果可以選擇，建議老老鼠們不急著退休，只因為事業經驗價值依舊有機會發揮。購屋置產不會是今年理想選項，不過布局溫暖的窩卻刻不容緩。男士們宜珍惜另一半，因為她是你的貴人。女士們多留意另一半的健康。

屬鼠流月運勢

宜謹慎面對的月份：三月、五月、六月、九月、十一月。

1 月運勢（國曆2/4～3/5）

　　歲祿之月，諸事皆宜。驛馬星與才華星同步，這是個安排人文之旅的最好時刻。事業星有機會因為勤於新春祝賀，而獲得更好的貴人能量與籌碼。月犯「喪門」，正月探病與弔唁並不理想，勢在必行最好隨身攜帶一包粗鹽。

2 月運勢（3/5～4/5）

　　文昌星主事的本月，又是春暖花開的季節，諸事皆宜，更是大利積極廣結善緣。事業星與文昌星出現了共振的現象，掌握春分的氣息設妥龍年新目標，營造順心如意的新未來。紅鸞星動，好的姻緣就該積極掌握。太陰星利男，不利女。

3 月運勢（4/5～5/5）

　　太歲之月，大好大壞。本命三合月，理論上是吉利的。不過由於月犯「五鬼」與「官符」，本月宜謹言慎行，以免招惹小人與口舌是非。春天進入了尾聲，季節交替之際，檢視一番目標的實現程度，順著「華蓋」才華星之勢，整理再出發。

4 月運勢（5/5～6/6）

太歲文昌月，整體大環境是活絡的。本命月德吉星照拂，老鼠們的運勢也是理想的。不過由於月犯「小耗星」，宜謹慎理財可免「暗劫財」的傷害。本月不利嫁娶，男士們也需要謹慎面對情緣事務，女士們則宜珍惜正緣星的氣勢。

5 月運勢（6/6～7/7）

六沖之月，諸事不宜。本命直球對決的月份，本月不利嫁娶，愛情事務愈清淡愈好。事業職場事務，宜謹慎面對，以靜制動，先處理心情再處理事情。健康星氣勢不佳，除了調整好作息，綠色是重要化解元素，衣服配件用之大吉。

6 月運勢（7/7～8/7）

歲煞之月，諸事不宜。再加上又是本命三煞月，這個月最需要用心的部份依舊是健康，壓力務必獲得適當舒緩與化解。六害星主事，事務的執行最好按部就班，依照計畫行事萬無一失。龍德、紫薇併臨與照拂，終究可化煞為權。

7 月運勢（8/7～9/7）

七月慈孝月，重要吉事還是避之為宜。太歲三合月，太歲星提供了諸事皆宜的大環境。對於老鼠而言，這是真正的「孝親月」，家庭運勢格外理想，布局好風水營造全家旺運大能量。白虎星主事，宜安排健檢與捐血，一紅化九災。

8 月運勢（9/7～10/8）

月圓人團圓，再加上五大吉星照拂，這是個圓滿吉祥與幸福的月份。天喜、福德、天德、歲合與福星高照，本月大利成家立業。桃花星也綻放正能量，節日的祝福愈多愈理想。不過由於月犯「流霞」，捲起袖子捐血可化解血光之厄。

9 月運勢（10/8～11/7）

歲破月，諸事不宜。不過由於歲德吉星與天解之神併臨，對於事業上的目標還是有機會因為夠堅持，而獲得圓滿實現，不過還是需要執行積累貴人籌碼的策略。財富氣息十分活躍，本月投資求財有利可圖，別人恐懼我們貪婪。

10 月運勢（11/7～12/7）

文昌星主事的本月，貴人與人緣磁場是活洛的。本月最為理想的旺運策略，就是積極廣結善緣。由於歲德合吉星與貴人磁場同步，合作的機會出現了就該積極掌握。不過需要提醒的是，健康還是需要守護，好的作息可舒緩病符星的危害。本月不利嫁娶。

11 月運勢（12/7～1/5）

本命之月，大好大壞。將星主事，再加上財富星高掛，對於商務買賣與業務行銷老鼠而言，這是一種值得加倍努力的象徵。歲合吉星主事，理應諸事皆宜，不過還是需要謹慎理財，任何買賣投資的決策，不要因為人動而改變。本月不利嫁娶。

12 月運勢（1/5～2/4）

六合吉星照拂的本月，諸事皆宜。偏財星氣勢頗為明顯，歲末年終值得加把勁努力，為自己的新年營造個豐碩的大紅包。本月大利嫁娶，男士們的正緣星氣勢頗佳，娶個老婆好過年就在這個時候。天乙貴人星照拂，年節送好禮積累貴人籌碼。

註：農曆正月以立春開始計算，括號內國曆交接以節氣時辰界分。

用心栽種，將會辛苦有成

🐂
（牛）

「在什麼樣的花園裡面挖呀挖呀挖，種什麼樣的種子開什麼樣的花……」挖呀挖呀挖……就是牛族們在甲辰龍年的運勢寫照，想要什麼樣的收穫，就要看種下的是什麼樣的種子和如何付出。

亮點色系	幸運點色系	幸運數字	吉利方位
黃色、綠色	藍色 黑色、金黃色	7、6、0、1 及其組合	西方 西北方、正北方

亮點色系：根據宇宙大自然或太歲星所提供較豐富的能量，充分運用會成為開運亮點元素與色系。
幸運點色系：流年運勢最需要補充與強化的元素與色系。

流年運勢

挖呀挖呀挖……的兒歌雖然已經過時了，不過作為牛族們的流年運勢比喻，卻依舊十分恰當與寫實。只因為甲辰龍年對於牛族們而言是個辛苦的流年，策略對了辛苦有成，否則恐怕就要徒勞無功。雖然在流年吉星的行列中出現了福德吉星和天乙貴人星的身影，不過由於太歲偏沖的關係，以及本命三煞星的緣故，這一年依舊存在著隱藏性的危機與壓力。趨吉避凶的第一個好策略就是老老實實「安太歲」。

偏沖是一種芒刺在背的感覺，究其緣由是因為太歲磁場不協調，因此「安太歲」反而是「偏沖的生肖」需要執行的趨吉避凶。換個角度來說，這是個容易讓自己陷入矛盾磁場的一年，尤其是自我矛盾的部份，太歲星與事業貴人有關，因此也容易讓事業貴人在懷疑之間給

流失了。雖然辛苦與付出容易獲得預期中的肯定，不過如果善用「借力使力」與「團隊合作」的模式，則反而容易讓這一年的貴氣獲得突顯。換言之，提升貴人運才是當務之急。

之所以會用「挖呀挖呀挖……」的兒歌開始介紹牛族們的流年運氣的原因，在於牛族們的整體運勢容易遭到隱藏，這是一種無力感的現象。仔細觀察甲辰龍年的太歲五行與牛族們的五行，答案十分明白，那就是一種「土土刑剋」的埋沒現象，「安太歲」是直接有效的趨吉避凶，不過「學習」才是真正開運的策略，第二、三專長的專業學習是需要的。另外，白色是一整年的開運主要色系，而「金」則是開運元素，適宜穿金戴銀，配戴白色水晶等。

事業運勢

正官星太歲，對於牛族而言，這是個貴氣十足的流年。代表的是，事業上的辛苦與付出容易獲得期望中的肯定，對於自我實現而言，也將會是個辛苦有成的一年。只不過整體太歲五行由於缺乏底氣，因此事業職場的運作有必要加強合作的機率。也就是所謂的「借力使力少費力」，還有「單打獨鬥不如團隊合作」，對於企業主而言，提升底氣最理想的策略就是強化組織與系統。對於一般牛族們而言，考取證照是最強的底氣。

不論是在哪一個領域，整體規劃與按部就班將會是讓運作更加順暢，事業發展不偏離目標不可或缺。整體而言，事業運以春天最為順遂，大利擬定目標與行動策略，夏天開拓積極落實計畫，秋天容易見到預期中的成就，冬天是收成的季節。白色瑪瑙花生與龍銀是旺運必備開運聖品。

財利運勢

牛族們在甲辰龍年的財富必須使用挖掘的方式獲得，只因為這一年的財富屬性是隱藏的，對於薪水族而言，此種財富的典型代表就是穩定，只要朝九晚五，準時上班準時下班，聽話照做，完成該完成的工作，就會獲得該獲得的酬勞，而這就是所謂的「正財」。

對於企業與商務牛族們而言，這一年與其忘情在追逐財利，不如多用時間去開發財源，拓展市場就是開發財源，研發商品也是開發財源，買對標的更是開發財源，對於投資市場而言，代表買對才是重點。

整體而言財利運勢以冬天最為旺盛，秋天次之，夏天是布局財富的好季節，春天最需要提防追高殺低。投資標的宜以電池、電源供應器、生物科技、Type C、ETF等概念股。

情緣運勢

正緣星太歲氣勢明顯，對於女士們而言，即便這一年的流年吉星行列中沒有出現紅鸞吉星，卻出現了寡宿星的身影，不過太歲姻緣運勢氣數依舊十分理想。

單身適婚也想尋覓理想對象的女牛們，宜放慢步伐讓有緣人可以跟得上，勤於參加聚會與學習課程讓美麗的邂逅故事有機會發生。

男士們事業才是流年努力的重點，對於情緣這一年宜定調為播種年，亦即「在情愛的花園裡面挖呀挖呀挖，種下正緣的種子開正緣的花……」，當然也可以種下事業的種子。

已有伴侶的女士們，宜多關心另一半的健康，正常作息，多喝

水。其餘還沒有準備進入婚姻的牛族們，宜將生活焦點擺放在事業上。

開運風水

　　土氣沉重，再加上本命歲煞，以及偏沖太歲，對於牛族們而言，這真是需要用心栽種的流年。不過幸運的是，由於太歲天乙貴人星與福德星的加持，只要運作得當，這依舊會是個辛苦有成的一年，因此做好準備挖呀挖呀挖……。

　　牛族們的本命五行屬土，喜歡火氣相生，不過在土星太歲的年歲中，土星之氣需要獲得紓解，因此「金」成為了必備的元素，再加上「水」，則一整年的理想與財富都有機會獲得實現。

　　「金」的元素在西方與西北方，而「水」的元素則在正北方，這是牛族們最需要布局好風水的地方。正北方擺放「陰陽水」，正西方是煞位，因此宜擺放粗鹽和羅盤。西北方為太歲文昌位，宜擺放花卉與文昌燈。最好隨身攜帶白色、藍色或黑色礦石配飾，讓氣數有隨時轉變的機會。

流年運勢亮點顏色與方位：黃色、綠色。西南方、東方，東北方。
流年運勢幸運點顏色與方位：白色、藍色、黑色、金黃色。西方、西北方、正北方。
流年貴人生肖：鼠、猴、雞、豬、蛇。

屬牛各年次流年運勢

1997年的牛（民國86年，丁丑年，28歲）

進可攻，退可守，這是一種致勝的意境。當太歲星提供了這樣的磁場的時候，牛族們覺得還需要猶豫，還需要躊躇嗎？沒錯，機會是留給準備好的人，機會也是留給不遲疑的人，因為行動了就會準備好了。有道是「想，做不到；做了，就會意想不到」，就是這個境界。行動吧！如果牛族們有想法，就給予做法。財富是經營出來的，事業是拼出來的，人際關係是交心而來的，這是成家立業的好流年。

1985年的牛（民國74年，乙丑年，40歲）

是誰說的？人脈，就是錢脈！其實真正有用的人脈，才會是錢脈。對於牛族們而言，甲辰龍年是個人際關係活絡的一年，人脈磁場自然豐沛，然而由於財源吉星氣勢十分不明顯，因此這些人脈肯定與錢脈無關。換言之，這是個需要積極廣結善緣的流年，卻不會是不明就裡毫無計畫就加入合作事業的流年。學習是驅動此種僵化人脈的理想策略，對於企業而言，那就是安排團隊集體培訓的機會。財富星磁場佳，但劫財星氣勢也明顯。健康需要多用心，安太歲也要拜藥師。

1973年的牛（民國62年，癸丑年，52歲）

機會磁場明顯的流年，這是個很難靜下來的流年。不過可惜的

是，雖然想法多，機會也十分活絡，但機會實現的磁場卻十分模糊，這個時候牛族們需要的是目標與計畫，否則很可能會是個南柯一夢之年。仔細想想，自己的人生真正想要的是什麼？自己的定位又是什麼？唯有整理再出發，才有機會找到真正的生命價值。真正想要，才有機會得到。人際關係和健康磁場不佳，因此需要多用心。

1961年的牛（民國50年，辛丑年，64歲）

自我察覺是一種成長，同時也是一種蛻變。出現在甲辰龍年的自我察覺，對於牛族們而言，有一種人生重新開始的感覺。雖然內心世界如太歲星的偏沖一樣不協調，但生命力與企圖心卻十分明顯。事業的經營需要系統式的重新調整，財富運佳適宜儲蓄型的投資標的，而房地產就是其中之一。安排學習的機會，因為需要許多新生命的知識。走出習慣領域，只因為貴人在遠方。男士們宜謹慎面對情緣事務。

1949年的牛（民國38年，己丑年，76歲）

歲德合吉星照拂，屬於幸運的生肖。只不過還是隱藏著一股不協調的磁場，對於人際關係而言，甲辰龍年將會是個費盡心思的一年。值得提醒的是，朋友雖然重要，但不宜因為朋友而失去了自處的原則。君子之交淡如水，成為了理想的流年座右銘。事業運依舊明顯，不過合作之舉避之為宜。養生事宜需要多用心，尤其是營養的攝取，需要妥善的規劃與執行。女士們情緣運勢頗佳，宜留意另一半的健康。

屬牛流月運勢

宜謹慎面對的月份：三月、五月、六月、九月、十二月。

1 月運勢（2/4〜3/5）

歲祿星照拂的正月，再加上「福氣星」氣勢明顯，這是個幸福而好運的月份。在事業可以說是「官印相生」，因此大利規劃未來。家庭運勢也十分理想，除了布局好風水，也適宜購屋置產。不過本月不利嫁娶。人緣磁場佳，宜積極祝賀新年。

2 月運勢（3/5〜4/5）

歲害之月，謹慎用事。對於牛族而言，卻是個「無心插柳柳成蔭」的月份，因此事務的執行宜福至心靈，莫按牌理出牌。女士們宜謹慎面對情緣運勢，給自己一些時間為宜。家庭運頗佳，搬家、入宅、修造與購屋，皆可擇吉進行。

3 月運勢（4/5〜5/5）

本命三煞月，諸事不宜。雖然擇日學中並未記載，不過還是建議不宜嫁娶。太歲月，外在環境磁場容易變動，牛牛們事業上不宜輕舉妄動。人際關係磁場雖然活絡，不過需要謹慎面對的還有理財的部份，合作事務的洽商事緩則圓。

4 月運勢（5/5～6/6）

歲德合吉星與本命三合星照拂，這是個吉利的月份。再加上幸福星高照，貴人磁場獲得啟動，是廣結善緣積累貴人的大好機會。家庭運持續理想，再加上事業運亦佳，本月大利成家立業。文昌星拱照，事業轉型或新事業的出發，皆值得積極進行。

5 月運勢（6/6～7/7）

雖然是本命六害星主事的月份，不過由於祿神照拂，本月大利成家立業，自然適宜嫁娶事務。不過還是需要謹慎面對投資事務，只因為容易追高殺低與因誤判而受傷。月德貴人高掛，事業機會出現了先掌握再說。本月不宜弔唁，勢在必行需要攜帶粗鹽。

6 月運勢（7/7～8/7）

歲煞之月，諸事不宜。本命六沖之月，重要吉事避之為宜，自然也就不利嫁娶了。幸運的是，由於文昌星氣勢明顯，人緣的提升與業務的推動值得加把勁，容易心想事成。健康磁場並不理想，注意水分的補充，千萬不要過度勞累，適宜安排健康檢查。

7 月運勢（8/7～9/7）

傳統的七月，神祕的七月，卻是牛族們幸運的月份。除了財星氣勢明顯，財源吉星也釋放善意，本月投資求財有利可圖，而商務買賣與業務行銷更值得努力。不過男士們宜謹慎面對情緣事務。本月不利嫁娶。即便七月，其餘吉事仍宜順勢執行。

8 月運勢（9/7～10/8）

　　本命三合月，同時也是將星主事之月，再加上文昌星照拂，本月不但月圓人團圓，事業也容易進入圓滿的境界。男士們正緣星氣勢佳，佳節更有利成就姻緣。藉助太歲桃花星之勢祝賀佳節，容易積累貴人籌碼。財利運勢亦佳，投資求財低接有利可圖。

9 月運勢（10/8～11/7）

　　歲破之月，諸事不宜。同時也是本命偏沖月，重要吉事的確避之為宜。雖然事業星氣勢明顯，不過重要抉擇、轉變與出發，都有必要事緩則圓。劫財星暗中虎視眈眈，謹慎理財為宜。健康星氣勢也不理想，千萬別忙過了頭。女士們情緣運頗佳，人對了就該珍惜。

10 月運勢（11/7～12/7）

　　本命驛馬星主事，再加上事業星氣勢頗佳，有意轉換跑道的牛族們適宜展開行動。女士們的情緣運勢依舊理想，由於具有新陳代謝的能量，因此適宜進行調整式的運作，男士們則謹慎面對。正財星氣勢佳，投資求財值得加把勁，有利可圖。

11 月運勢（12/7～1/5）

　　本命六合吉星照拂，再加上歲合星主事，本月磁場十分吉利，因此大利嫁娶。太歲將星值月，事業上的轉變值得繼續進行。健康星氣勢不佳，又出現月犯病符與白虎星，沒事多休息。男士們正緣星氣勢明顯，人對了就該更加積極，娶個老婆好過年。

12 月運勢（1/5～2/4）

　　本命之月，大好大壞，因此重要吉事謹慎執行為宜。本月不利嫁娶。雖然才華星容易出頭，不過需要避開自我矛盾的機會與磁場，否則這是個最有可能不斷出現「重工」的月份。這個時候最適合的化解策略，就是做好計畫迎接福祿併臨的三合小龍年。

找尋自我定位，（虎）會是個精彩的好流年

辛苦工作是爲了實現理想？還是爲了實現理想而努力工作？雖然不論是哪一種，都是爲了實現理想，不過思維不同，結果肯定大不相同。老虎們仔細想想其中的意境，因爲那是流年運勢寫照喔！

亮點色系	幸運點色系	幸運數字	吉利方位
紅色 紫色、綠色	白色 金黃色、藍色	1、6、7、0 及其組合	西方 西北方、北方

亮點色系：根據宇宙大自然或太歲星所提供較豐富的能量，充分運用會成為開運亮點元素與色系。
幸運點色系：流年運勢最需要補充與強化的元素與色系。

流年運勢

這是個好流年，只因爲擔任了「歲祿吉星」的榮耀角色。如果說「辰龍」是甲辰龍年的「太歲星」，那麼「寅虎」就是「太歲星」的主氣，並且是匯聚「甲辰龍年太歲」的「文昌星」、「偏財星」和「人緣星」主氣於一身的生肖。因此對於老虎而言，2024甲辰龍年不但是個好流年，並且還是個精彩的好流年。

仔細分析之前，先要問問老虎們的理想是什麼？努力工作的目的是爲了什麼？人生的自我實現又是什麼？接下來才是想問老虎們，有多想實現理想？老虎們一定要仔細思考，只因爲出發點不同，到達的目標與層次就會南轅北轍。

讓陶文來幫老虎們整理一下思緒。老虎自身就是個充滿活力的生

肖，與生俱來的特質就比其他生肖優渥。首先是智慧星，也是文昌星；其次是偏財星，也是企圖星；以及自信星，也是人緣星；最重要的是老天爺還提供了福氣星，也是貴人星。因此，老虎們在社會上擁有一番成就的不計其數。不過可惜的是，在老天爺的贈與中少了「尊貴星」，除非本命氣數結構中獲得了彌補，否則想要「大貴」就需要更多的經營和積累了。

甲辰龍年太歲星正巧將老虎們的本命特質明顯地提升，因此陶文會說，對於老虎而言這是個好流年，並且是精彩的好流年。然而可惜的是，在「尊貴星」的部份太歲星氣數卻沒有給補上，除非是出生在秋天，或是下午3點至7點的老虎，否則面對2024甲辰龍年最需要的流年功課將會是「自我定位」。這個時候要仔細想想，辛苦工作是為了實現理想？還是為了實現理想而努力工作？

即便本命中已然自我攜帶了「尊貴星」，面對擔任「歲祿星」的甲辰龍年，老虎們還是需要為自己設定實現理想的方式和時程。

事業運勢

歲祿星照拂，這是個吉利的一年。對於人際關係而言，的確如此，因為「歲祿星」提供的是人緣磁場的豐沛，還有自信心的旺盛。只不過對於事業而言，人際關係是其中的一部分，代表貴人明顯，同時也象徵合作機會活絡，然而行動星氣勢不明顯的時候，這些人脈只能用在取暖。

因此，對於2024甲辰龍年而言，老虎需要的是持續性的學習，以及不斷創新的點子與能力，否則這一年極容易陷入眼高手低的泥淖中。企業老虎，需要提高市場洞察力，順著市場脈絡運作，於是乎最

貼切的形容就是「順時而變」。一般老虎，則必須為自己安排不同型態的學習機會，造就自己擁有斜槓的能力。

財利運勢

有錢人和我們想的不一樣。一般人努力工作是為了要有錢，而有錢人則是讓錢為他們努力工作，你是哪一種？

財源吉星高照的今年，老虎們的財富是豐沛的，雖然還需要補強，但經過學習之後不難源源不斷。不過對於甲辰龍年而言，老虎需要擔心的不會是如何開發財源，而是如何積累財富，只因為對於老虎而言，2024是個有財無庫的流年。

整體而言，老虎的財富以夏天最為活絡，春天發動布局策略，秋天壓力十足，冬天納財入庫，四季月（三、六、九、十二月）大利購屋置產或執行穩定性投資策略。

投資標的宜以金融、金控、存股與資產概念股為主，人工智慧雖然值得關注，不過宜以階段運作為宜。

情緣運勢

情緣方面的功課向來就不簡單，對於已有伴侶的老虎而言，如何將溫暖的窩經營得更溫暖，幸福指數自然就有機會破表，而就從布局風水好宅開始，至於有購屋與換屋需求的老虎，則容易在甲辰龍年達成願望。

單身適婚老虎，如果不急，那就不用著急。不妨將生活焦點擺放在事業或是學習上，這個時候「書中自有黃金屋，書中自有顏如玉」

是可以期待的。

正緣星是好姻緣的必須，當流年氣勢中只出現偏緣星的時候，老虎們就要謹慎面對情愛事務。而對於老虎而言，甲辰龍年就是這種現象的流年。

如果情緣運勢指的是幸福，那麼就先為自己構築一個幸福的窩，除了完成成家立業的流年運勢，同時也為自己的財富下一個穩固的註腳。

開運風水

得天獨厚的生肖非老虎莫屬。甲辰歲祿星的加持，讓老虎成為幸運的生肖，因此擁有了精彩的好流年。然而在命運的氣數中依舊缺乏了「尊貴星」這一塊，因此在流年開運風水中有必要給予布局與營造，讓事業、財富與自我成就可以如願以償。

老虎本命五行屬木，最喜歡水木元素生助，本命吉利顏色為綠色和藍色，吉利方位為東方、東南方和北方。

老虎們的本命方位在東北方，同時也是甲辰龍年九星武曲金飛臨的宮位，居家與辦公室的東北方需要認真布局。可擺放金雞、龍銀、白水晶、鈦晶、白瑪瑙、黃金虎眼石……等，或是白色與金黃色為主布局。宜隨身攜帶龍銀、白瑪瑙花生或黃金虎眼石平安扣，經過開光更優。

流年運勢亮點顏色與方位：紅色、紫色、綠色。南方、東方。
流年運勢幸運點顏色與方位：白色、金黃色、藍色。西方、西北方、北方。
流年貴人生肖：豬、猴、雞、鼠。

屬虎各年次流年運勢

1998年的老虎（民國87年，戊寅年，27歲）

英雄出少年，年輕就是本錢。這是個值得衝刺的一年，尤其是不畏虎的衝刺，容易營造「無心插柳柳成蔭」的收穫，只因為對於老虎而言，甲辰龍年是個「異路功名年」。面對創新的世代，老虎有機會發威。姻緣來了就該感恩承接，女孩們的正緣星十分美麗，錯過了恐怕還要再等10年。男士們則還是將生活焦點擺放在事業的衝刺上，因為這也是10年難得一見的「異路功名年」。

1986年的老虎（民國75年，丙寅年，39歲）

成家立業如果是一種期望，則這個期望會獲得實現。雖然房價繼續攀升，利率容易讓人卻步，不過當成家的老虎年出現了就該珍惜，就該掌握，就該實現人生目標。先求有，再求好，築夢踏實先從小房開始，一步一步慢慢逐步落實財富積累的事實。

名利雙收如果是一種夢想，則建議先求名，再求利。而考取證照就是讓國家為自己背書，穩固名號與專業的策略。事業上組建屬於自己的團隊，則是另一種穩固的策略。

1974年的老虎（民國63年，甲寅年，51歲）

借力使力少費力，這鼓力量來自於太歲星，也來自於人脈的經營。

於是，廣結善緣成為了甲辰龍年的開運必須，而學習則是將太歲星氣勢落實在自己夢想上的佳策良方，而最好的學習就是仿效身邊的成功人士，再來結合自己的強項，才不會辜負了10年一次的太歲星加持。

不過還是需要提醒的是謹慎理財的部份，只因為這是個典型的劫財年。這一年合作可以，但千萬要守得住錢財。情緣事務也是如此，誤入叢林的結果不會只是破財而已。

1962年的老虎（民國51年，壬寅年，63歲）

文昌星高掛的今年肯定不只是精彩而已。有許多夢想等著實現，有許多學習等著完成，甲辰龍年將會是個有機會一一落實的流年。想當然的是，對於想創業或是想讓事業轉型成功的企業家，太歲星同樣提供了成功的元素與條件，剩下的就是老虎們的努力了。

值得提醒的是，由於健康星氣勢不佳，在努力拼事業和實現夢想的同時，養生事宜恐怕不容許小覷，就從安排完整的健康檢查開始。情緣運勢也是如此，清心寡慾才是王道喔！

1950年的老虎（民國39年，庚寅年，75歲）

放下是為了下一次的舉起，這是句鼓勵的話。對於老老虎而言，甲辰龍年的「放下」，將會是一種真真實實的放下。不過「放下」不代表「放棄」，而是讓自己擁有更寬廣的運作空間。進可攻，退可守，就是此種意境。從本命氣數的角度來說，太歲星提供的是更多的機會與財富，於是出現的一種「財多身弱」的意念。這個時候，老虎們需要的不只是放下，而是另一種捨得，對於健康與整體運勢而言，願意付出就有機會更富足。

屬虎流月運勢

宜謹慎面對的月份：正月、四月、六月、七月、十二月

1 月運勢（2/4～3/5）

正月期間歡樂無限，老虎們的本命月，就讓今年用虎虎生風的方式開啟。本月不利嫁娶。文昌星明顯的本命月，人緣磁場不但正向，同時也十分活躍，大利積極廣結善緣積累一整年的貴人籌碼。貴人磁場旺了，五鬼星就弱爆了。

2 月運勢（3/5～4/5）

桃花舞春風，人緣磁場滿分的本月，老虎們自然是貴人指數破表。然而，本月不利嫁娶。再加上大環境出現了「歲害」的磁場，對於重要事務的執行與事業的出發轉型，千萬不可因為「人」因素而動。劫財星暗中虎視眈眈，宜謹慎理財。

3 月運勢（4/5～5/5）

太歲之月，大好大壞。偏財星氣勢頗盛，投資求財有利可圖，業務行銷也值得努力。男士們的情感事務恐怕需要更多的謹慎。月犯「喪門」，探病弔唁建議攜帶一包海鹽。太歲提供了貴人的能量，積極廣結善緣讓太歲之月，成為大好之月。

4 月運勢（5/5～6/6）

文昌星主事的本月，值得多用心思安排精彩生活。這是個大利營造生命好風水的機會，財源和偏財祿兩大吉星與文昌星共舞，對於企業、商務買賣和創業老虎而言，更有機會營造豐碩利基。男士們宜避免讓自己陷入兩難的情網中。女士們的情緣運勢十分理想，人對了就該掌握。

5 月運勢（6/6～7/7）

三合吉星與將星同步的時段。本月大利新事業的出發，以及企業經營模式的大轉變，新生命的蛻變就在本月。不過由於月犯「官符星」，攸關權益的法律事務，有必要委請專家協助以防範未然。男女老虎的情緣運勢都理想，這是絕佳的成家立業月。

6 月運勢（7/7～8/7）

歲煞星與歲刑併臨，再加上又有死符與小耗星，即便出現了「月德吉星」和「太歲貴人星」，重要吉事還是另擇他月為宜。本月不利嫁娶。太陰星值事，男士們的貴人是異性。女士們宜謹慎面對情緣事務。事業的部份，一動不如一靜。

7 月運勢（8/7～9/7）

傳統七月，傳說與敬畏同步尊重。本月不利嫁娶。由於本命六沖，同時也是驛馬星逢沖，本月宜提防車關，宜減少出遠門的機會。不過對於事業而言，反而容易出現微妙的轉機，機會出現了就該積極

掌握。女士們的情緣運勢也是如此。

8 月運勢 （9/7～10/8）

太歲桃花月，再加上歲合星的助益，以及本命龍德與紫薇兩大吉星照拂，本月花好月圓，諸事皆宜，更是大利嫁娶。不過女士們對於新出現或觀察中的情緣對象，需要有一把幸福的尺來把關。事業的異動宜謹慎，為的是避免每況愈下。

9 月運勢 （10/8～11/7）

歲德吉星主事的本月，諸事皆宜。尷尬的是，由於同時也是歲破月，許多事情容易出現變數。不過幸運的是，由於屬於土土的對沖，因此只要做好充分的把持，這反而是個容易出現逆轉勝機會的月份。月犯「白虎星」，捐血與健檢是化解血光的佳策良方。

10 月運勢 （11/7～12/7）

本命六合月，諸事皆宜。貴人星十分明顯，本月大利積極廣結善緣，而關鍵貴人就在身邊。福星高照，天德星更是給予喜悅的祝福，家庭運勢格外理想，重要吉事宜順勢執行，購屋置產更是絕佳機會。本月大利嫁娶與成家立業。

11 月運勢 （12/7～1/5）

文昌星再度出現，由於與幸福星同步，因此家庭運勢持續理想。整體而言，這將會是個進可攻退可守月份，因此事業上的推衍宜隨機

應變，見招拆招。太歲將星主事，又是歲合星當家，機會出現了先掌握再說。對於事業全力付出，就可得到全力的回饋。

12 月運勢（1/5～2/4）

歲末期間，大環境正在進行年度的收尾事務，而老虎們卻因為磁場不佳，而出現了運勢蹇滯的現象。只因為本命三煞的緣故，本月諸事不宜，更遑論嫁娶事宜。健康磁場也需要強化，就從正常作息與飲食開始。歲末年終，備妥拜年禮品，積累龍年貴人籌碼。

先放下再進行改變，練習解決人生難題

（兔）

是什麼卡住了你？總覺得有什麼東西絆住了你？阻礙你的繼續前進？認真面對這種感覺，因為甲辰龍年太歲星有話要對你說。這個時候該學會，先放下再來訂定目標進行改變……

亮點色系	幸運點色系	幸運數字	吉利方位
黃色、綠色	紫色 白色、銀色	9、7、6、0 及其組合	西北方 正西方、正南方

亮點色系：根據宇宙大自然或太歲星所提供較豐富的能量，充分運用會成為開運亮點元素與色系。
幸運點色系：流年運勢最需要補充與強化的元素與色系。

流年運勢

　　生活中總覺得有什麼東西在阻礙你的前進？又有什麼事情讓你前往成功的路上功敗垂成？

　　仔細想想，不論答案是哪一種，2024甲辰龍年都需要謹慎關心這個話題。只因為對於兔子而言，都將會是個充滿挑戰的一年，也會是個布滿考驗和功虧一簣磁場的流年。究其原因，所得到的答案是歲犯「六害星」，也就是「歲害星」。

　　到底什麼是「歲害星」呢？顧名思義「害」就是「危害」，也是「傷害」，而最容易體驗到的將會是「妨害」。直白說，那就是會破壞好事的星曜。讓「辛苦無成」或「功虧一簣」的戲碼得到了上演的機會。

嚴格說起來，「歲害星」是無從化解的，那是太歲星五行氣數的一種先天瑕疵，因此在這一年預期中或醞釀中的好事結構，終究會遭到破壞。然而正所謂的「山不轉路轉，路不轉人轉」，就「生命，不會只有一個答案」，以及「凡事，至少有三個解決方案」的角度來說，「歲害星」雖然妨害一件好事的完成，卻也存在另一種現象，那就是同時也提供了練習解決人生難題的機會。經過太歲星造就十八般武藝之後的兔子，肯定會是所向披靡。白話說，兔子們可以用「成就另外一件好事」的方式，來規避「歲害星」的危害。不過在另起爐灶之前，兔子們恐怕要先學會放下，那就是「先放下，再來訂定目標，進行改變」。

　　回歸現實面，組建團隊是突破事業難題的必須，除了有機會「組建團隊，讓團隊為你工作」外，最重要的是團隊的組建，是為了吸引多元的能量與借力使力的機會。事業合作，企業建立系統，以及家庭的和諧都是能量整合的象徵，就從內心世界的調整開始。心在哪裡，世界就在哪裡！

事業運勢

　　「不要浪費好危機（Never let a good crisis go to waste）！」這是邱吉爾的名言。疫情是一場危機，有人的事業隕落了，有人卻異軍突起。對於兔子而言，2024甲辰龍年的「歲害」現象同樣會是「危機」，但何嘗不會是一個難得的轉機呢？

　　太歲星雖然壞了兔子們的「六合星」正向能量，卻也牽絆住「歲殺星」對於兔子的傷害。如此一進一退中，兔子們就有了自創出路的機會，而這就是流年事業運勢的絕佳寫照。此種樣態的流年已經不會

只是斜槓而已，如何轉變型態創造多元生機，不但刻不容緩，也成為了甲辰太歲星給予兔子們的成就歷練。對於企業兔子而言，研擬企業延伸性發展的機會，一般兔子則從為自己安排多元學習的機會開始。

財利運勢

窮人和富人最大的區別，在於對於金錢的價值認定不同。這是值得仔細思考的說法，這個說法認為窮人把「金錢」當成「金錢」存起來，而富人把「金錢」當成「資源」。在命理學術氣數結構中，錢財是養命之源，是行動力的重要元素，當然也是企圖心與人生目標。

「歲害星」肆虐的今年，兔子們需要的就是設妥目標，再按照計畫行事，則不但守住了財富，同時也化解了「歲害星」的厄勢力。

整體而言，兔子們的財運以夏天為佳，四季月為最，冬天收成過多。投資標的宜以網通、雲端、電池、車用電子、傳統與資產概念股為宜。

情緣運勢

歲害之年，不利嫁娶。再加上偏緣星氣勢明顯，對於女性兔子而言，對於這一年所出現的新情緣，有謹慎面對的需要，宜以時間換取更多思考與運作的空間。男士們就幸運多了，由於正緣星的護持，這是個成家立業的好流年，雖然觸犯「歲害星」而不利嫁娶，不過依舊適宜先訂婚或登記。至於已然有伴侶的男士們，則宜珍惜另一半，因為她是你的福星貴人。

整體而言，甲辰龍年對於兔子而言，是個幸福的好流年，就從先

為自己布置個幸福的窩開始。換個角度來說，這也是個理想的購屋置產年，吉屋可望覓得，增值與發財的機會也同步活絡。為自己、為家人布局流年好風水，想旺個20年並非難事。

開運風水

心在哪裡，世界就在哪裡！儘管「歲害星」把外在的世界搞得雞犬不寧，兔子們的自我世界是井然有序就足夠了！再就「凡事，至少有三個解決方案」的角度來說，甲辰龍年的行事方案肯定不可以只有一套，狡兔三窟的策略值得參考，因此這一年的風水布局肯定不只是家庭或辦公室而已。自身風水更需要調整，因為「你的心，就是你的風水」。

兔子們的本命方位在正東方，五行屬木，水和木是生助五行，藍色與綠色是生助色系。

「歲害星」的化解必須多箭齊發，正東方擺放狗狗造型擺件或圖畫，東南方擺放金雞造型擺件或圖騰，並且隨身攜帶黃金虎眼石平安扣，銀製配飾或龍銀，多管齊下才有機會化危機為轉機。

流年運勢亮點顏色與方位：黃色、綠色。東南方、西南方、東方。
流年運勢幸運點顏色與方位：紫色、白色、銀色。西北方、正西方、正南方。
流年貴人生肖：狗、雞、豬、虎、鼠。

屬兔各年次流年運勢

1999年的兔子（民國88年，己卯年，26歲）

不是準備好再出發，唯有開始行動，才會知道還有什麼需要補強的。因此「成功無關準備，而是何時開始」，之所以會這麼說的原因，是因為對於兔子而言，這是個充滿機會的流年，當機會出現了，就該積極掌握。這個部份尤其以事業為最，宜勇敢承擔任務。情緣的部份，女生會比男生幸福，當好姻緣出現了，真的不要再猶豫。財富的部份，則以積極培養技能為先，先學會布局，才有機會收成。

1987年的兔子（民國76年，丁卯年，38歲）

能力愈強，責任愈大。這是《蜘蛛人》劇中的經典台詞。對於兔子們而言，甲辰龍年就擁有相同的景況。太歲星給予兔子們強大的生助力量，雖然同樣也屬於包袱的一種，不過這就是整個流年的亮點，在包袱中、責任中，統籌的力量也更強大。這是典型的「成家立業」訊息，組織家庭與事業團隊的大好流年，只因為這一年大利合作借力使力，一起創造財富和事業版圖。

1975年的兔子（民國64年，乙卯年，50歲）

人脈就是錢脈，這是老生常談，也是真道理。不過你知道嗎？有效的人脈才是錢脈，而許多人脈其實是可以設計出來的。對於兔子而

言，這就是如此這般的流年，在這一年中最珍貴的就是人脈，而廣結善緣就是在為自己設計有效的人脈，積累貴人就是這個概念。

學習是讓甲辰龍年大放異彩的重要課題，而學習的目的在於如何運用人脈創造出預期中的財富。因此新事業容易獲得出發的機會，而舊的企業則容易改革成功。但情緣運勢不理想。

1963年的兔子（民國52年，癸卯年，62歲）

聰慧的兔子，遇到提供智慧星養分的流年，自然容易點子充沛。後疫情時代，市場的模式正在徹底改變中，有想法的兔子們不應該讓奇特的點子沉默。不論是新事業的出發，還是人生型態的轉變，甲辰龍年都是值得嘗試的流年。

投資運頗佳，轉型概念標的值得關注。教育類型、電商、線上學習……都是值得努力的賺錢模式與策略。家庭運亦佳，不過必須先把流年風水搞定。情愛運勢不理想，謹慎面對為宜。

1951年的兔子（民國40年，辛卯年，74歲）

創業難艱，守成不易，這是千古名言。對於兔子而言，甲辰龍年就是充滿此種訊息的流年。雖然太歲星的財富磁場十分活躍，不過由於觸犯「歲害星」，因此辛苦追逐之後的財富並不如預期。這是一種辛苦與收穫不成正比的情況，於是就有了與其辛苦奔波，不如放慢腳步一面欣賞風景，一面前進。

健康星也觸犯了「歲害星」的負能，因此放慢腳步的另一個原因就是為了健康。家庭運勢佳，舒適的窩，氣場理想的家，容易獲得構築。

屬兔流月運勢

宜謹慎面對的月份：二月、三月、五月、八月、九月、十二月

1 月運勢（2/4～3/5）

　　一年之計在於春，新春的喜悅，新年新希望，再加上財富星如春筍一般爭相冒芽，這是個值得布局一整年好運勢的月份。投資求財如此，事業布局更是如此，就從勤於拜年開始。男士們宜謹慎面對情緣事務。女士們宜關心另一半的健康。

2 月運勢（3/5～4/5）

　　本命之月，大好大壞。本月不利嫁娶。謹慎理財，則是另一個必須的提醒，只因為劫財星暗中虎視眈眈。文昌星氣勢明顯，廣結善緣的策略宜繼續執行。歲害之月，卻也是兔子們的將星月，急事緩辦，事緩則圓。凡事按部就班，可望化煞為權。

3 月運勢（4/5～5/5）

　　本命六害月，諸事不宜，嫁娶大事更應避之。芒刺在背的感覺是不舒服的，因為不知道卡在哪裡，因此無從化解。不過由於也是太歲月，因此放緩腳步成為了理想的趨吉避凶。男士們宜謹慎面對異性的互動，不然造成誤會的結果很難想像。健康事務則需要多用心。

4 月運勢（5/5～6/6）

歲德合吉星照拂，再加上太歲文昌星主事，以及本命驛馬星發動，這是個值得以行動突破困境的月份。機會星與才華星交織，新思維與發想值得給予落實的策略。財源生財，本月同時也值得為財富星努力，商務布局，業務行銷，有利可圖。情緣運勢男不如女。

5 月運勢（6/6～7/7）

五合星與文昌星併臨的本月，理論上諸事皆宜。需要留意的是「五鬼星」同時也是本命偏沖的狀態，對於事務的認定最好避開「理所當然」的思維，慢半拍將會有預想不到的正效果。正緣星健而美，人對了就不該猶豫，祝福女兔兔們。

6 月運勢（7/7～8/7）

三合吉星照拂的本月，理論上諸事皆宜。不過由於歲煞星主事，以及官符星干預，重要吉事還是需要謹慎執行。值得提醒的是，由於出現了「血刃」併「殺星」的緣故，血光現象需要化解，而捐血是最為理想的策略，因為一紅化九災、一紅納九福。

7 月運勢（8/7～9/7）

神祕的七月，尊敬就好。月德吉星與歲合星照拂，其實這是個吉利的月份，家庭運勢格外理想，因此當別人不敢看屋，反而是兔子們進場選好宅的時刻。正緣星氣勢頗佳，女士們的愛情值得努力，但不利嫁娶。年中之際，事業官貴星氣勢佳，宜整理思維與策略迎接下半

年事業旺運。

8 月運勢（9/7～10/8）

本命六沖之月，諸事不宜。本月不利嫁娶，但無礙於月圓人團圓的圓滿事務。歲合星主事，再加上太歲桃花星照拂，今年中秋圓的將不會只是月亮，還有兔子們的人緣、家庭與愛情。禮多人不怪，中秋節送禮是必須，而祝賀更是需要勤快，貴人運可望獲得積累。

9 月運勢（10/8～11/7）

雖然出現了歲德吉星與紅鸞星，還有本命六合吉星的身影，不過由於月犯刑剋和歲破，重要吉事還是避之為宜，嫁娶事宜更是忌諱。幸運的是，由於貴人星氣勢明顯，即便歲破，還是有機會掌握合作開創商機的脈動。本月投資有利可圖。

10 月運勢（11/7～12/7）

本命三合月，同時也是歲德合吉星照拂之月，諸事皆宜，更是大利嫁娶。人際關係磁場頗為活絡，大利廣結善緣積累貴人籌碼。成家立業也是此刻吉利事務，購屋置產之舉值得進行。不過由於月犯「白虎星」，行車宜謹慎，喝酒不開車，疲勞更是大忌駕駛。

11 月運勢（12/7～1/5）

太歲將星主事，再加上本命福星高照，本月諸事皆宜。雖然紅鸞吉星照拂，不過由於偏緣星氣勢明顯，男士們還是要謹慎面對愛情事

務，偏緣星碰不得，放下是爲了眞正的放下。投資求財宜謹愼，短線上調節後多看少做爲宜。

12 月運勢（1/5～2/4）

過年到了，一年來的辛勞需要獲得慰藉與肯定。歲星氣場不協調，此刻反而是整理迎接新年的理想機會。本命文昌星展現榮姿，檢視龍年事務，規劃小龍年行事策略與目標，只因為2025乙巳是兔子們大展身手的機會年。健康星磁場不佳，留意天候變化。

收斂氣勢，凡事都要謹慎看待

（龍）

太歲當頭坐，無災恐有禍。許多人只知道「冒犯了太歲」，就該「安太歲」，殊不知「犯太歲」其實就等於自己的流年氣勢和太歲一樣。這一年要的不是保守，而是謹慎。

亮點色系	幸運點色系	幸運數字	吉利方位
黃色 綠色、咖啡色	白色、金黃色 銀色、藍色	1、6、7、8 及其組合	西北方 正西方、正北方

亮點色系：根據宇宙大自然或太歲星所提供較豐富的能量，充分運用會成為開運亮點元素與色系。
幸運點色系：流年運勢最需要補充與強化的元素與色系。

流年運勢

犯太歲，就是冒犯太歲。值年太歲星就像君王，就像古時候的皇帝，只有皇帝可以穿金黃色的皇袍，皇帝的姓只有皇族可以使用，一般百姓就必須改姓，否則就是冒犯皇帝，就是這樣的意涵，甲辰龍年的生肖辰次是「辰」，於是辰次也在「辰」屬龍的生肖，就等於冒犯了太歲君主。當然無法改變生肖，那就「安太歲」向太歲星致敬，並祈求庇佑一整年的平安順遂，以上是一直以來傳統對於「犯太歲」的認知。

其實，一年中氣勢最強的就是「犯太歲」的生肖。甲辰龍年自然就是屬龍的生肖流年氣勢最強，只因為「辰龍」的能量就是太歲星「辰龍」的能量。於是乎，對於「太歲當頭坐，無災恐有禍」的傳統

提醒，又多了一種溫馨，因爲和太歲一樣氣勢的生肖，這一年需要的是謙虛和收斂。許多事情千萬不要衝過了頭，過去可以直接表達的事務或方式，今年就需要修正與收斂，避免的不是犯太歲，而是犯小人。就因爲如此，陶文老師才會說「屬龍的生肖在龍年需要的是謹愼，而不是保守」。

不過需要提醒的是，生肖龍的「辰」屬土，是屬於活動性不強的五行，雖然龍向來就給人靈活的印象，有道是「神龍見首不見尾」。不過「辰龍」的土氣如果沒有得到適當的紓解，辰和辰相遇，土和土的重疊，只會讓龍族們感到「懷才不遇」或「有志難伸」，儘管這是「華蓋」才華星主事的流年。爲了避免陷入「孤芳自賞」的窘況，龍族們在這一年最需要的是「走出去」，安排學習的機會，做想做的事，去想去的地方。化解「土氣」最好的五行就是「金氣」，也是龍族們的「文昌星」，因此多學習就是在提升「文昌星」的吉氣。

事業運勢

甲辰龍年是個十分特殊的一年，首先土氣夠重，其次太歲「甲木」長在「辰土」上雖然不乏生機，然而根基還是不夠穩健，因此對於同樣是「辰土」龍族們而言，在事業上最需要的就是往下扎根。而往下扎根最好的策略就是進修，以及爲自己的公司組建系統，或者運用借力使力的方式參加可以相互協助的團體。

整體而言，這一年的事業運是理想的，上班族是平順的。由於事業星氣勢明顯，容易出現一呼百諾的氣勢，不過先要架構好自己的事業藍圖才行。企業或高階龍族們將會比較辛苦，如果沒有做好轉變的準備與行動，非常容易被太歲星的「土氣」給埋沒了。

財利運勢

　　嚴格說起來，對於龍族而言，這是個五行十分不平衡的流年。幸運的是，還有太歲星的旺氣，以及事業尊貴星的氣勢明顯，否則這將會是個沉悶的一年。財富星雖然氣勢不佳，不過龍族們的智慧財源星有機會獲得開啟，營造細水長流的財富，就從安排學習機會開始。

　　整體而言，財富會以冬天較旺，秋天是投資行動的季節，春天拼事業，夏天謹慎理財。特別需要提防劫財的的月份為三、六、九、十二月，季節交換氣場十分紊亂，多看少動作為宜。

　　對於投資求財而言，買對了比賣對了要強，因此策略會以低接為主，急跌承接可望營造短線機會財利。投資標的以航太、綠能、網通、食品、生活概念股為宜。

情緣運勢

　　正緣星氣勢頗為明顯，女士龍族們的愛情故事值得努力，只不過由於「犯太歲」的緣故，這一年不利嫁娶。婚姻是一輩子的祝福，龍族們還是寧可信其有的遵從建議，不論是登記還是宴客，最好避開今年。而已有伴侶的女士們則需要多關心另一半的健康，開春就安排健康檢查為宜。

　　單身適婚男士們則宜以事業為主要焦點，事業星氣勢雖然明顯，但其他五行氣勢不佳，因此聚焦事業就有機會引動其他的運勢。有了事業，經營情緣的底氣也會充足。有趣的是，為自己安排參加知識性的聚會，容易啟動遭到埋沒的美麗邂逅。

整體而言，龍族們除了需要學習外，同時也需要組建自己的家園，有了甜蜜的窩，自然就容易為自己吸引到理想的對象。

開運風水

龍族們需要擔心「犯太歲」，但只要學會謙虛，就無須罣礙祖先「太歲當頭坐，無災恐有禍」的提醒。不過可以肯定的是，龍族們在龍年最需要的是得到「金氣」的紓解，而這股「金氣」將會來自於「歲合星」。現實生活中的絕佳策略就是學習，而風水開運的重點擺放在「正西方」和「西北方」，還有多用具有「金」元素概念的配飾與顏色。

龍的本命五行屬土，本命方位在東南方，火土是生助元素，紅色和黃色是本命吉利色系。

既然「金」是開運的重要元素，那麼就適合在居家和辦公室正西方擺放白色的「粗鹽」，使用白色的碟子盛放，兩星期更換一次，更換下來的粗鹽可以拿來泡澡，整體開運的效果會更加顯著。隨身攜帶白色或材質金屬的飾品，例如龍銀、白水晶、白瑪瑙、黃金虎眼石、鈦晶。

流年運勢亮點顏色與方位：黃色、綠色、咖啡色。東南方、正東方、正南方、西南方、東北方。

流年運勢幸運點顏色與方位：白色、金黃色、銀色、藍色。西北方、正西方、正北方。

流年貴人生肖：猴、鼠、雞、豬。

# 屬龍各年次流年運勢

2000年的龍族（民國89年，庚辰年，25歲）

今年不宜嫁娶，男士們更需要謹慎面對情緣事務，只因為偏緣星氣勢明顯。不過幸運的是，由於太歲明顯的偏財，因此這一年的商務買賣與業務行銷，以及投資求財都值得加把勁，因為有利可圖，而且是明顯的財富。家庭運處於需要調整的狀態，太歲加持理應平安，然而平安過了頭成為平淡那就不妙了。走出舒適圈，不宜眷戀安逸，安排學習的機會，才有機會創造更多的偏財和機會。

1988年的龍族（民國77年，戊辰年，37歲）

雖然是不宜嫁娶之年，不過由於正緣星氣勢頗佳，對於女性龍族而言，這是個情緣運勢理想的流年，單身適婚想婚的女龍族值得為自己的幸福盤算一番。只不過，已有伴侶的女龍族們則需多關心另一半的健康。事業磁場十分明顯，有夢就該勇敢圓夢，企業龍族有機會為公司成功調整體質，一般龍族們則宜積極進修，讓自己有機會再攀事業高峰，同時也有機會開拓隱藏的財富。

1976年的龍族（民國65年，丙辰年，49歲）

一種游刃有餘的感覺，十分微妙。要風有風，要雨有雨；其中的

關鍵字是「有」，而不是「得」，只因爲太歲提供了得天獨厚的資源，讓龍族們能夠可風可雨。然而，整體流年氣數結構中，卻缺乏了目標和行動的方向。唯有積極調整補強，才有機會「要風得風，要雨得雨」，財富、事業、家庭、貴人獲得營造。換言之，龍族們是最有資格大膽許願，並且勇敢實現願望的生肖。

1964年的龍族（民國53年，甲辰年，61歲）

眞正犯太歲的生肖，因此是最需要老老實實安太歲的生肖。甲辰龍年將會是個微妙的一年，氣勢不差，人脈也理想，財運也有一種豐富的感覺，然而就是覺得哪裡不對勁，似乎不斷地在胡同裡打轉。「歲合星」雖然是引導走出胡同的重要元素，但如果沒有眞正的走出習慣領域學習，找到突圍的行動方向，恐怕容易賠上整個運勢與健康。關鍵鑰匙對了，人生轉捩點就獲得開啟了。

1952年的龍族（民國41年，壬辰年，73歲）

文昌星氣勢明顯，優雅容易成爲今年的生活特質。這個時候值得靜下心細細品嘗生活的美，學習過去一直未能如願的學習，盡情體驗「文昌星」的「食神」的意境，那就是享受美食。

身強力壯的龍族們依舊可以開啟新事業思維，創造出不一樣的商機，將豐富的人生經驗充分展現。然而有兩件事還是需要落實，那就是家庭的幸福和舒適，做好流年風水布局盡情享受生活，其次是健康與養生的部份，蛋白質充分補充，良好的作息與飲食不可或缺。

屬龍流月運勢

宜謹慎面對的月份：二月、三月、六月、九月、十二月

1 月運勢（2/4～3/5）

　　新春歲祿月，大吉大利，諸事皆宜。家庭運勢格外理想，新年期間家人的團聚宜珍惜，居家風水布局務必到位，讓好磁場啟動家人的事業與財富好運勢。驛馬星主事，安排旅遊的好時機。女士們的情緣運勢頗佳，人對了就該化被動為主動。

2 月運勢（3/5～4/5）

　　歲害與本命六害併臨，諸事不宜。再加上月犯「病符星」，為自己安排個詳細而舒適的健康檢查，讓「病符」現象如期發生，同時也避開有氣無力的能量。家庭磁場依舊理想，家人的關懷持續。事業上則宜抱持感恩的思維，可望化阻力為助力。本月不利嫁娶，女士們宜謹慎面對情緣事務。

3 月運勢（4/5～5/5）

　　太歲之月，同時也是本命之月，大好大壞。本月不利嫁娶，只因能量的重疊，在傳統的思維上屬於「重喜」的部份。土氣沉重的本月，需要「金」的元素化解，那就是學習。積極廣結善緣，抱持學習

的心面對事務，換個角度看世界，世界容易呈現不一樣的美。健康星不理想，養生事務宜多用心。

4 月運勢（5/5～6/6）

立夏了，夏季的能量啟動，陽光普照溫度提升，好運勢也獲得提升。這是個理想的成家立業之月，家庭與事業運勢同時呈現美好。機會星與才華星同步，適宜新商品和事業的出發，投資求財宜逢低承接，有利可圖。人緣磁場佳，大利積極廣結善緣與積累貴人籌碼。

5 月運勢（6/6～7/7）

家庭運勢如享受夏日陽光，接受沁涼微風，滿滿的幸福。再加上創業星氣勢頗為明顯，成家立業的能量獲得了啟動，商務買賣與業務行銷都值得再加把勁。有意購屋置產或換屋的龍族們，值得進場賞屋。女性龍族們愛情和事業不容易兼顧，值得思考一下如何調整。

6 月運勢（7/7～8/7）

歲煞月，同時也是本命三煞月，諸事不宜。雖然擇日學沒有意見，然而嫁娶如此重要事務，還是避之為宜。事業上的重要抉擇，新事業的出發，新商品的發表，務必避開矛盾磁場強烈的本月。健康星磁場不佳，沒事多喝水、多休息。謹慎理財，因為劫財星暗中虎視眈眈。

7 月運勢（8/7～9/7）

雖然是傳統的七月，卻是龍族們最吉利的月份。太歲與本命三合星照拂，再加上文昌祿星與偏財運吉星同步值月，本月不但大利廣結善緣開啟人脈能量，同時也適宜積極開創商機。有夢想就該保護它，並且努力實現它。不過男士們還是需要謹慎面對情緣事務。

8 月運勢（9/7～10/8）

美麗的季節，圓滿的中秋，這是個吉利的月份。歲合吉星、本命六合星與月德吉星同步照拂，再加上財富星氣勢明顯，成家立業的磁場又獲得了啟動，商務買賣、業務行銷與投資求財都有機會如願以償。男士們的正緣星磁場頗佳，人對了就應該珍惜，已有伴侶的男士宜尊敬另一半，因為她是你的財神貴人。

9 月運勢（10/8～11/7）

歲破之月，同時也是本命六沖月，諸事不宜。值得提醒的是，由於同時出現了月犯「五鬼星」的現象，因此勢在必行的重要事務，最好以依照計畫的方式進行，唯有按圖施工，才能夠保證成功。本月不利嫁娶。據理力爭和仗義執言都是職場的大忌諱。

10 月運勢（11/7～12/7）

財祿吉星主事，再加上龍德吉星、紫薇和紅鸞吉星同步照拂，這是個吉利而財利豐碩的月份。商務買賣與投資求財都值得努力，因為有利可圖。事業上的異動也值得順勢進行，因為有機會汰弱換強。不

過情緣事務恐怕就要謹慎了，男女都是如此。

11 月運勢（12/7～1/5）

太歲三合星，本命三合與將星同步照拂，本月諸事皆宜。家庭運勢頗佳，入宅、修造和購屋置產之舉都適宜執行。只不過由於月犯「白虎星」，冒險運動避之為宜，挽起袖子捐出鮮血是化解血光之道。將星值月，事業上的挑戰值得承擔，因為辛苦有成。

12 月運勢（1/5～2/4）

歲末年終，雖然出現了福德星與天德星照拂的現象，不過由於偏沖氣息十分強大，因此重大吉事還是避之為宜。歲末最適宜進行是調整與規劃未來，因為緊接而來的乙巳蛇年是龍族們的雨過天晴年。做好準備，好運從正月開始啟動，就從大量祝賀新年開始。健康磁場不佳，宜留意天候變化。

S (蛇) 太歲星的強力挹注，讓生命積極進行蛻變

蛇擔任今年太歲文昌星，明年乙巳蛇年則是太歲星，也就是未來12年好運勢的開始。不過，還需要蛇族們掌握龍年的「變」，並堅持到底。

亮點色系	幸運點色系	幸運數字	吉利方位
綠色、黃色	白色 藍色、金黃色	6、8、4、1 及其組合	西北方 正西方、北方

亮點色系：根據宇宙大自然或太歲星所提供較豐富的能量，充分運用會成為開運亮點元素與色系。
幸運點色系：流年運勢最需要補充與強化的元素與色系。

流年運勢

對於人生，你只有三種選擇：放棄、妥協，或是全力以赴。In life, you only have three choices: give up, give in or give everything you've got，這是《穿著Prada的惡魔》（The Devil Wears Prada）的經典台詞。全力以赴是卯足勁的堅持，肯定不會是盲目的固執。不過，蛇族們對於堅持與固執之間的區別，最好有清晰的認知與釐清，以免陷入徒勞無功的窘況，而這正是甲辰龍年蛇族們必須面對的功課。

成為「太歲文昌星」蛇族們的甲辰龍年運勢是吉利的，生活也會是精彩的，人際關係更是活絡的。對於有意創業或是開創新局的蛇族們而言，在這一年容易獲得行動的能量與轉變世界的思維和機會。對於後疫情時代而言，不再是變與不變的問題，而是要怎麼變，對於蛇

族們而言，則是如何持續並堅持到底的變。

有人說「機會是老天爺給的」，也有人說「機會是自己創造的」，對於蛇族們的甲辰龍年而言，那一種說法都不重要，重要的是「機會真的出現了」，並且和太歲星的氣數產生鏈結，等於得到了太歲星的強力挹注，人生的蛻變就在這個時候。

不過尷尬的是，既然已經是太歲星欽點的「文昌星」，而太歲星卻又給予安於現狀「幸福星」的猶豫，才會出現一個重大的流年課題，那就是到底要從善如流享受太歲文昌星賦予的吉利和精彩，還是擇善固執掌握「幸福星」、「機會星」和「文昌星」交織所形成的蛻變，積極並堅持讓生命進行蛻變。

整體而言，2024甲辰龍年對於蛇族們而言，是個重要的人生轉捩點，因為接下來的蛇年將會擔任太歲星，也是決定未來12年好壞的起始點，而所有的正能量必須從2024甲辰龍年開始積累。

事業運勢

三煞星主事的流年，如何沉得住氣成為了重要課題。三煞星需要化解的策略，否則太歲文昌星的優勢不容易獲得發揮，而化解的元素五行是金。就本命再搭配太歲五行氣數推算，讓事業運獲得順利拓展的重要策略，將會是擬訂目標與行動策略。

「歲合星」是蛇族們流年提升事業運的重要元素，「歲合星」五行屬金，白色是開運色系，因此白色瑪瑙花生與龍銀是理想開運聖品。而回歸現實面，檢視自己的籌碼，規劃未來的時程以及行動方針，將會是不可或缺的必須。

再來運用「太歲文昌星」廣結善緣提高貴人能量，營造異業結盟

的機會，就從爲自己安排專業的學習課程開始。

財利運勢

　　「文昌星」雖然也被成爲「財源吉星」，不過「太歲文昌星」並不生財，而是旺人緣。蛇族們的流年「財源吉星」氣勢不佳，而且還存在著負能量，因此這一年的投資求財務必謹慎，設定好遊戲規則，並且以守紀律的方式運作，否則這是個不容易賺到錢的一年。

　　對於股市投資求財而言，爲什麼買，爲什麼賣，什麼時候買，什麼時候賣，都該設定妥當，並且老實執行，否則年底結帳恐怕不好看。

　　整體而言，蛇族們的財運以秋天最爲理想，是納財好季節，夏天布局，冬天保守，春天規劃與等待。投資標的宜以金融、通路、生活用品、貴金屬、ETF概念爲佳。

情緣運勢

　　雖然「天喜星」加持，不過由於「寡宿星」當道，對於情緣運勢而言，這將會是個辛苦的一年。單身適婚蛇族宜將生活焦點擺放在事業上，事業有成，財富獲得積累，書中自有顏如玉的現象容易自然發生。

　　成家立業是這一年最值得執行的旺運策略，購買屋宅構築溫暖的窩，除了可積累財富，同時也有機會提前布局幸福運。對於已有伴侶的男士們而言，由於另一半就是「歲合星」的代表，因此她是你的流年貴人，尊重她，關心她，把她捧在手掌中你一定會很旺很順。女士

們則宜多愛自己一點，而最為理想的旺運策略就是學習，安排歡喜的課程或是專業課程，既可旺情緣又可旺事業。

開運風水

　　比贏在起跑點更重要的事，是否做好起跑前的萬全準備，以及如何堅持到底。明年乙巳蛇年是蛇族們的人生起跑年，而今年甲辰龍年則是起跑前的準備年。積累太歲星的大能量，布局堅持到底的強風水，成為了今年的重要課題。

　　蛇族們的本命方位在東南方，五行屬火，木和火是生助五行，綠色和紅紫色則是生助色系。

　　東南方是病符方，居家和辦公室需要擺放「帝王水」，以免有氣無力，事倍功半。隨身攜帶白色飾物，如白瑪瑙好事發生或是經過開光具有「攏贏」概念的龍銀，這是引動「歲合星」的策略。

流年運勢亮點顏色與方位：綠色、黃色。東方、東南方、西南方。
流年運勢幸運點顏色與方位：白色、藍色、金黃色。西北方、正西方、北方。
流年貴人生肖：雞、猴、牛、虎。

屬蛇各年次流年運勢

2001年的蛇（民國90年，辛巳年，24歲）

歲合星就是自己的本命祿神，蛇族們是幸運的，也是自主力頗強的生肖。雖然「歲煞星」當道，不過事業星磁場頗佳，這一年需要學會「重聽」的涵養，聽取正向的聲音，負面的聲音隨風飄過即可。男士們情緣運不理想，因此專注事業為宜。已婚女士們有幫夫運，值得恭喜，其餘女小蛇則先幫助自己，多愛自己再說。財運佳，投資宜短線，不宜中長線。

1989年的蛇（民國78年，己巳年，36歲）

歲德合吉星照拂，蛇族們的流年運勢是吉利的。正緣星氣勢頗佳，又十分健美，對於女士們而言，這是個幸福美滿的一年，單身適婚宜勤快參加聚會，讓美麗的邂逅故事有機會發生。事業星磁場也十分理想，職場事業的付出容易獲得預期中的肯定，今年大利創業或轉換跑道。

歲合星也是本命文昌祿星，投資求財有利可圖，只不過需要以成長型的公司主要標的。

1977年的蛇（民國66年，丁巳年，48歲）

家是最好的避風港，有事情回家避難療傷，沒事情回家養精蓄

銳。對於蛇族們而言，今年最強大也最為有效的旺運策略就是構築幸福的家。把居家風水布局好，家庭文化與和諧調理好，則整體運勢都會變好。對於有意購買幸福好宅或換屋的蛇族們而言，這是最為理想的執行年。家庭運勢好，健康運勢亦佳，貴人能量也明顯，財富星可藉由合作獲得營造。

1965年的蛇（民國54年，乙巳年，60歲）

歲德吉星是蛇族們的好朋友，因此這是個人脈關係良好，貴人能量充滿的流年。事實上也是如此，老朋友是這個時候的絕佳貴人，沒事聊天、談笑、娛樂，人生何不快哉！換言之，廣結善緣將會是今年的理想開運策略。學習則是讓生命更精彩的途徑，不過需要以娛樂性與調節性的內容為主。健康磁場並不明顯，作息與飲食回歸自然為宜。投資求財宜以定期定額方式為佳。

1953年的蛇（民國42年，癸巳年，72歲）

歲德吉星是蛇族們的智慧創作星，同時也是機會星，因此甲辰龍年將會是個生活多采多姿的流年。這一年最為理想的旺運策略就是走出家門，融入人群不論是當志工，還是廣結善緣，或是一起學習，都有機會讓整體生活品質和運氣向上提升。換個角度來說，蛇族們的龍年任務就是讓自己過得更逍遙自在。歲祿吉星是蛇族們的家庭星，居家風水好，財富健康和幸福能量都會變好。

屬蛇流月運勢

宜謹慎面對的月份：一月、三月、四月、十月、十一月。

1 月運勢（2/4～3/5）

新年新希望，新年新氣象。諸多吉星高照開啟了蛇族們的幸運龍年。福德、歲祿、天德、驛馬、祿神五大吉星照拂，想不吉利都難。不過由於本命六害星作祟，蛇族們容易出現莫名的負向念頭。運用新春的喜悅消化它，並設妥流年目標大膽前進。

2 月運勢（3/5～4/5）

貴人磁場十分明顯，新春期間的廣結善緣，本月適宜繼續。合作的能量同步活絡，借力使力的機會出現了就該積極掌握。家庭運勢亦佳，這是成家立業的好時機。不過值得提醒的是，大環境因為「歲害星」而不安，事業上的出發與啟動稍安勿躁為宜。

3 月運勢（4/4～5/5）

太歲之月，大好大壞。正逢本命三煞星主事的本月，即便出現了天喜星照拂，重要事務的定奪也還是緩緩為宜。病符星主事，營養補充固然重要，更重要的是不宜過勞。投資求財有利可圖，不過階段獲利的機會需要掌握。愛情事務，男優於女。

4 月運勢（5/5～6/6）

本命之月，大好大壞。本月不利嫁娶。劫財星氣勢明顯，謹慎理財是必須，最重要的還是要避開劫財星的惡勢力。親友借貸宜量力而為。合作投資事務，再仔細想想為宜。情愛事務也是如此，不處理是最好的處理。職場事務宜靜不宜動。

5 月運勢（6/6～7/7）

羊刃之星招惹的不只是血光之災，同時還有劫財與情感的變數。本月不利嫁娶。月犯流霞，冒險運動避之為宜，以免招惹血光。不過幸運的是，從月逢桃花看來，人緣磁場依舊理想，廣結善緣有機會積累貴人籌碼。男士們宜謹慎面對情感事務。

6 月運勢（7/7～8/7）

歲煞之月，諸事不宜。寧可信其有，重要吉事最好避之。本命月犯「喪門」，弔唁之舉不宜，勢在必行需攜帶一包粗鹽。最為理想的化解方式，就是捐款弱勢行善種福田。男士們的情緣運勢順遂，正緣星氣勢佳，人對了就應該積極行動。

7 月運勢（8/7～9/7）

敏感的七月，一向充滿神祕感，不過心存感恩百無禁忌。本命六合月，對於蛇族們而言，反而諸事皆宜。文昌、太陰與貴人三星併臨，職場事業有機會再上層樓，就從勇敢接受挑戰開始。情緣運勢方面，女士優於男士。

8 月運勢（9/7～10/8）

中秋月圓人團圓，這是個充滿祝福的月份。本命三合與歲星六合交織，再加上將星加持，本月將會是蛇族們在這一年中最幸運的時段。事業好運有機會持續上揚，男士們的情緣如中秋之月，財利運勢亦佳，該收成的時候就不宜猶豫。

9 月運勢（10/8～11/7）

歲德吉星照拂，再加上諸多吉星併臨，按理說這是個吉利非常的月份。不過可惜的是，由於正逢歲破，再加上又是蛇族們本命犯死符與小耗星，事務執行按部就班為宜。根據擇日學記載，本月依舊大利嫁娶。事業運依舊理想。

10 月運勢（11/7～12/7）

本命六沖之月，諸事不宜，自然是不利嫁娶。更需要提醒的是車關的部份，由於驛馬星逢沖，蛇族們宜留意出入平安事宜，開車族不妨選擇大眾交通工具。五鬼星作祟，人際關係需要更多耐心，而健康方面也需要更多的細心。

11 月運勢（12/7～1/5）

雖然是諸多吉星照拂之月，不過擇日學還是建議不利嫁娶，寧可信其有為宜。太歲將星值月，還有歲合星加持，整體大環境頗優。除了情緣與婚姻嫁娶，其餘諸事皆宜。職場事務順勢即可，無心插柳柳成蔭的現象隨時會發生，值得順勢接受。

12 月運勢（1/5～2/4）

　　三合星照拂，對於別人而言，這是凡事謹慎的「歲末月」，不過對於蛇族們而言，卻是諸事皆宜的幸運月。歲末年終該收納的儘管積極收取，納財入庫歡喜過年。白虎星值月，捐血一袋，救人一命，同時化解白虎星血光之災。

掌握住機會，讓夢想變成理想

（馬）

你有夢想嗎？你的夢想是什麼？你想實現夢想，讓美夢成眞嗎？你知道夢想和理想之間的距離在於是否變現嗎？你願意爲讓夢想變成理想而努力嗎？

亮點色系	幸運點色系	幸運數字	吉利方位
辣椒紅 香蕉黃、芥末綠	金黃色 銀白色、葡萄紫	2、3、7、8 及其組合	正東方 正西方、西南方

亮點色系：根據宇宙大自然或太歲星所提供較豐富的能量，充分運用會成為開運亮點元素與色系。
幸運點色系：流年運勢最需要補充與強化的元素與色系。

流年運勢

夢想是拿來實現的！

「你有夢想，就該捍衛它」很棒很經典的台詞，對於甲辰龍年的馬族們而言，不但要捍衛它，並且要實現它。因爲「夢想是拿來實現的」，也因爲對於馬族們而言，有極大可能今年會是個想得多、做得少，只停留在做夢的一年。

「有夢最美」通常人們會想到下一句「希望相隨」，這是詩人路寒袖於1998年所寫下的廣告詞，被廣告教父的孫大偉先生認爲是台灣史上最卓越的詞彙。這八個字與政治主張無關，而是讓人感動的生命意境與人生態度。對於馬族們於2024甲辰龍年的流年運勢而言，這八個字是最爲貼切的寫實，也是隨時提醒自己「夢想是拿來實現的」。

甲辰太歲的五行結構中，馬族們是太歲的智慧星，同時也是機會星，直白說那就是太歲星的馬前卒。不過再從太歲星是馬族們的幸福星與夢想星的時候，馬族們在甲辰龍年流年運勢的定位就容易陷入膠著，因為這樣的流年氣數最容易出現的景象，將會是抱持幸福的感覺，安逸而舒適地擁抱夢想。

就未來趨勢而言，馬族們的大成就容易出現在2026丙午馬年，2025乙巳蛇年則是大啟動年，至於2024甲辰龍年就成為了積累大能量的關鍵準備年。這一年是擁抱安逸做夢？還是下定決心把流年夢想星結合太歲智慧星，掌握住機會讓夢想變成理想，讓自己成為「三年有成」的得天獨厚生肖？

這個時候，馬族們需要做的是先將夢想視覺化，貼在隨時可以看見的地方，接下來就是勇敢踏出第一步，然後逐一完成設定好的目標，讓夢想一步一步成為理想。如果這些策略都已然確立，那麼馬族們就該大膽許願、大膽做夢，因為馬族們正向「三年有成」的路上邁進。符合那句來自論語的話，那就是「苟有用我者。期月而已可也，三年有成」，這句話是孔子說的，亦即「如果有人願意聘我，一年就能初見成效，三年就能大見成果」，祝福馬族們。

事業運勢

世界在變，市場在變，客戶也在變，而競爭環境與對手更是隨著改變。這是個需要走出新路子的流年，唯有勇敢打破現狀，主動進行改革與創新，才有機會迎接整體結構轉變所帶來的挑戰與威脅。太歲的幸福好運星加上本命文昌智慧星，就是馬族們絕佳的翻轉利器。

企業馬人是如此，一般馬人更是如此。「不選擇改變，就被選擇

改變」這是陶文老師經常告訴同學們的自主祕訣，學習是掌握改變的最好策略，也是將文昌星發揮到極致方法，而此種學習不一定是本業，也可以斜槓學習，更可以修身養性的學習。接下來就始設定目標了，目標明確行動才會更有方向。

財利運勢

【水風井卦】是法人們在甲辰龍年的財利運勢寫照。【水風井】描述的是人們在使用水桶打水飲用的故事，首先整個流年背景是水井本來就存在，而井水也不慮匱乏，只要馬族們願意行動就可以一桶一桶打水飲用。仔細想想，代表財源的文昌星有了，而把錢存起來的幸福星也有了，再加上太歲星提供了不明顯的偏財祿，因此這一天的投資求財只要願意行動，就可以有所營穫。

整體而言，財利運以秋天為旺，三、六、九、十二月是投資或加碼月，夏天犯劫財宜謹慎理財，冬天是第二個收成月。

投資標的宜以成功轉型與轉投資概念為佳，貴金屬、ＡＩ相關、網通、散熱、電源、電池……等。

情緣運勢

家庭運十分理想的今年，最為理想的旺運策略，自然就是構築溫暖的家了。某種層次來說，這就是所謂的「成家」，雖然歲犯「寡宿」，不過對於已然有譜的戀情，的確該進入收尾歡喜成家的時候了。即便是單身馬人也是如此，為自己構築一個溫暖的窩，完全符合

太歲星的恩典，那就是「幸福星」的幸福能量獲得綻放。

　　整體而言，甲辰龍年的情緣運勢以男士為佳，只要稍加努力正緣星容易如願浮現。女士們恐怕就需要多一些耐心了，不過仍舊可以享受來自於正緣星的羅曼蒂克，只因為這是正緣桃花年。不過如果可以選擇，單身適婚女士們還是以事業為主要焦點為宜。

開 運 風 水

　　夢想和理想之間的距離，的確是在於實現與否，不過在這之前必須會「做夢」，因為有夢最美。

　　夢想實現的方程式是「夢想實現＝勤奮＋堅持＋運氣」，而理想實現的方程式則為「理想實現＝夢想＋勤奮＋堅持＋運氣」。有了「三年有成」的底氣，就必須加強「三年有成」的好運氣，就從布局開運風水開始。

　　馬族們本命方位在正南方，本命五行屬火，木火是生助元素，綠色與紅色是本命吉利色系。

　　甲辰龍年馬族們需要的是夢想星與智慧星的結合，居家與辦公室正東方風水布局引動的就是這兩股力量，隨身配戴紫水晶三元及第與黃金虎眼一葉致富石為的是紫氣東來，而白瑪瑙花生與龍銀則是啟動祿馬財神能量，兩種缺一不可。

流年運勢亮點顏色與方位：辣椒紅、香蕉黃、芥末綠。正南方、東南方。

流年運勢幸運點顏色與方位：金黃色、銀白色、葡萄紫。正東方、
**　　　　　　　　　　　　　　正西方和西南方。**

流年貴人生肖：虎、蛇、狗、羊、雞。

屬馬各年次流年運勢

2002年的馬（民國91年，壬午年，23歲）

文昌星明顯的今年，機會也將會如雨後春筍，這個時候最需要練就本領了。不過千萬不要等到準備好的再行動，而是行動了就會準備好。學習是提升自我格局的絕佳策略，建議選擇主業之外的學習機會。男士們情緣運頗佳，雖然年輕，但緣分到了就不要輕易錯過。女士們學會多愛自己，成就自己，因為自己才是最大的貴人。投資求財以低接為主要操作策略。

1990年的馬（民國79年，庚午年，35歲）

異路功名是甲辰龍年太歲星提供給馬人的禮物，代表的是機會來了就該掌握，承接不可能的任務盡情發揮，並且抱持謙虛的心，學習的思維，容易獲得借力使力的貴人能量。事業上容易出現無心插柳柳成蔭的結果。財利運勢雖然理想，不過由於財庫氣勢不佳，謹慎理財有其必要，階段性運作是值得參考的趨吉避凶。男士們要謹慎面對情愛事務，寧缺勿濫。宜留意父親的健康。

1978年的馬（民國67年，戊午年，47歲）

當幸福來敲門的時候，請記得要應門。女士們的正緣星氣勢頗

佳，人對了就不應該猶豫，已有伴侶的女士，宜留意另一半的健康。事業星與成就星同步理想的今年，該努力的就要不遺餘力，因為辛苦有成。成家立業的好流年，對於事業的轉型更應該不遺餘力。財源吉星氣勢頗佳，投資求財賣得好，不如買得好，急跌承接，財利以秋天最為理想。

1966年的馬（民國55年，丙午年，59歲）

時代在變，環境在變，市場也在變。馬人們的家也該變一變，因為換個裝潢，換個心情，也會換個好運勢。這是個容易出現異動的流年，不過卻不建議任意異動，尤其是事業上的更動，並且因為情緒而動。組織團隊，讓團隊為你工作，才符合流年太歲的美意。購屋置產的好流年，同時也化解了劫財星的厄勢力。情緣運勢男士們較為理想，女士們則宜多愛自己。

1954年的馬（民國43年，甲午年，71歲）

謹慎理財，只因為流年劫財星虎視眈眈。謹慎面對投資事務，而最為理想的策略就是遵守紀律，對於設動好的遊戲規則務必遵守到底。多和老朋友聚聚對於養生具有絕佳益處，不過朋友之間最好不要涉及金錢的往來。學習也是養生的功課，休閒、文化、舞蹈、氣功都是絕佳選擇。家人的團聚有必要成為常態，再忙也要一起喝茶吃飯。女士們宜多關心另一半的健康。

屬馬流月運勢

宜謹慎面對的月份：四月、五月、九月、十一月、十二月

1 月運勢（2/4～3/5）

　　福氣滿滿的本月，對於馬族而言，諸事皆宜。一年之計在於春，好的開始就是成功的一半。歲祿星開啟一年序幕，並引動了馬族福氣星，可以預計馬族們將會擁有個福氣滿滿的一年。貴人充滿就從熱情祝賀新年開始，祝賀愈多好運愈強。

2 月運勢（3/5～4/5）

　　桃花與春風，四大吉星照拂，對於馬族們而言，本月諸事皆宜。不過由於大環境處於「歲害」狀態，待人處事都需要一份謙虛，就從謹言慎行開始。家庭運頗佳，重要事務與購屋置產皆大利順勢執行。投資求財多觀察再出手，以免壓錯了寶傷荷包。

3 月運勢（4/5～5/5）

　　太歲之月，大好大壞。劫財星氣勢明顯，本月宜謹慎理財。事業上的出發或是轉型，這是個大利進行調整的時段，因為機會星和創業星同時展現能量。雖然月逢寡宿，這個月依舊適宜嫁娶。不過男士們

還是要審慎面對情緣事務，不處理將會是理想的處理。

4 月運勢（5/5～6/6）

本命文昌星值月，雖然不利嫁娶，不過人緣磁場依舊十分活絡，本月大利積極廣結善緣與積累貴人籌碼。由於劫財星暗中虎視眈眈，因此本月還是要提醒宜謹慎理財。健康星磁場不佳，工作雖然重要，但還是不宜過度勞累。女士們宜關心另一半的健康。

5 月運勢（6/6～7/7）

本命之月，大好大壞。本月不利嫁娶。將星值月，再加上行動能量頗盛，這是個值得為事業打拼的月份。不過在執行重大事務的定奪之際，有必要先讓自己冷靜，事緩則圓是有道理的。太歲天乙貴人主事，代表貴人在遠方，宜走出家門廣結善緣。

6 月運勢（7/7～8/7）

六合之月，理應諸事皆宜。不過由於月逢歲煞，整體大環境的磁場並不理想，因此在洽談合作事宜之際，還是需要多一分戒心。男士們的情緣運勢頗佳，只因為正緣星磁場明顯。本月大利嫁娶。投資求財運勢亦佳，商務買賣與業務行銷值得加倍努力。

7 月運勢（8/7～9/7）

傳統七月，總是容易接受到許多的提醒，尊重就好。由於太歲三合星照拂，再加上事業星磁場頗佳，整體事業上的運作值得放大能

量。女士們的情緣運勢十分理想，正緣星不但明顯，氣勢也十分健康，人對了宜化被動為主動。男士們就不是如此了。

8 月運勢（9/7～10/8）

歲合星、桃花星、文昌星併臨的本月，再加上又是月圓人團圓的月份，諸事皆宜。文昌星氣勢佳，人緣磁場亦佳，佳節祝賀是最為理想的廣結善緣策略，積累貴人籌碼，同時也激活人脈能量。男士們的情緣運勢佳，女士們就要謹慎以對。

9 月運勢（10/8～11/7）

歲破之月，諸事不宜。雖然是本命三合月，不過由於月犯五鬼星與官符星，所有的重要事務皆宜按部就班，依照計畫步步為營。本月的歲破，由於屬於「土土對沖」因此反而容易衝出生機，馬族們的才華有機會獲得展現與肯定。家庭運勢佳，修造、入宅與購屋置產皆大吉大利。

10 月運勢（11/7～12/7）

歲德合與月德吉星併臨，這是個吉利的月份。不過可惜的是，由於月犯「死符」與「小耗星」，重要事務還是宜謹慎以對。根據擇日學，本月不利嫁娶，為了一輩子的幸福，寧可信其有。即便如此，女士們的情緣運勢依舊理想，正緣星值得牢牢掌握。

11 月運勢（12/7～1/5）

本命六沖之月，諸事不宜。妥善管理情緒，千萬不要因為人的因素而失控，因為不但容易得罪貴人，同時也存在一種破財的隱憂。本月不利嫁娶，投資求財宜謹慎，逢高先賣再說。男士們務必小心面對異性互動，避免招惹無妄之災。

12 月運勢（1/5～2/4）

歲末年終，收起心情，趕完業績準備過個好年。根據擇日學記載，本月大利嫁娶，事實上不然，由於月犯本命三煞凶星，諸事不宜，更遑論嫁娶之事。健康星職場不佳，留意天候變化，戴口罩勤洗手，不宜過勞。幸運的是，財富星有機會納進財庫過個好年。

目標越明確，行動就越有力道

（羊）

方向對了，就不怕路長；有了目標，夢想就不遠。經典的網路名言，說的卻是羊族們在甲辰龍年運勢主軸。偏沖不協調的流年，方向對了，步伐放慢了，一切也都順了。

亮點色系	幸運點色系	幸運數字	吉利方位
土色、黃色 紅色、駝色、橘色	白色、乳白色 金色、銀色、藍色	1、3、6、7 及其組合	正西方 西北方、正北方

亮點色系：根據宇宙大自然或太歲星所提供較豐富的能量，充分運用會成為開運亮點元素與色系。
幸運點色系：流年運勢最需要補充與強化的元素與色系。

流年運勢

　　方向不對，生命浪費；方向對，宇宙讓位。很霸氣的一句話，說明的是方向與目標的設定非常的重要。羊族們可以當成甲辰龍年的座右銘，寫在手機或電腦的首頁，隨時提醒自己。只因為，羊族們在甲辰龍年是「偏沖太歲」的生肖，並且是最需要老老實實「安太歲」的生肖。

　　「偏沖太歲」這是一種「不協調」磁場的代名詞。依照命理學術分析，「偏沖太歲」有三種型態，一種是老鼠、馬、兔子和雞的偏沖，另一種是老虎、猴子、蛇、豬的偏沖，以及龍、羊、狗、牛的偏沖，由於屬於土氣沉重的偏沖，因此也是最不協調的偏沖。嚴格說起來，「安太歲」是一種讓自己心安的方法，然而「不協調」的磁場還

需要自己在生活上用策略化解，那就是設定生命努力的方向，要成為什麼樣的人，想過什麼樣的生活，還有設定年度目標，如何達到事業上的成就和想要賺到多少錢，以及挑戰自我能力的目標。企業羊族們最需要用SMART法則設定明確的目標，再透過「歲合星」的運用，讓企業獲得新的生命與方向（請參考「事業運勢篇」），即便是一般羊族們也需要設定生活目標，例如讓自己更帥或美麗、讓自己更聰明、讓自己更富有、讓自己更有學問、讓家庭更幸福美滿、讓自己更健康……等。目標越明確，行動就越有力道。

另外，羊族們也是甲辰龍年太歲的「三煞星」。「三煞位」是匯集太歲星三方四正晦氣的地方，甲辰龍年在西南方，而正巧是羊族們的位置。「三煞星」乍看之下十分驚悚，不過只要充分了解和化解之後，依舊可以「化煞為權」，反而得到更強大的能量。「三煞星」屬「土」，因此需要「金」的元素化解，隨身配戴陶文老師開光的「龍銀」，其「化煞為權」的能量超強，對於事業的助力超大。

事業運勢

太歲星雖然提供了「事業星」的氣勢，不過卻也因為進入「太歲偏沖」的泥淖中，而讓羊族們的事業運勢發展受到了一定程度的擠壓，因此甲辰龍年的事業經營需要掌握住「積極，不著急」的原則，以妥善規劃行動方向與目標為先，再來逐步落實計畫，逐一實現夢想。

企業羊族們最需要用SMART法則設定明確的目標，再透過「歲合星」的運用，讓企業獲得新的生命與方向。甲辰龍年的「歲合星」是「酉」，五行屬「金」，方位在正西方。由於「歲合星」正巧是羊族們的「文昌才華星」，因此在居家和辦公室的正西方以白色系列布局。

對於羊族們而言，展現「歲合星」的絕佳策略就是學習，安排專業的學習機會，讓自己可以晉身翻轉大運的行列。

財利運勢

甲辰龍年是個五行超級不平衡的一年，對於五行屬土的羊族們而言，更是如此。再加上「土土相刑」的「太歲偏沖」，讓財富氣勢受到嚴重的擠壓，此種剋洩交加的型態，如果得不到適當的化解，恐怕這一年的備嘗辛苦只有羊族們獨自黯然神傷了。

化解方式並不難，那就是善用「歲合星」，因為那就是羊族們的「財源吉星」，在現實生活中就是設妥目標，還有學習。對於投資求財而言，代表商品的設計與開發，行銷策略的到位執行，還有在低點買對標的。

整體而言，羊族們的財運會以冬天為旺，但必須在秋天進行布局。春天與夏天規劃與學習。投資標的宜以小型金融、ETF、減碳議題、車用電子、食品、通路概念股為佳。

情緣運勢

嚴格說起來，如果沒有給予特別的經營與灌溉，甲辰龍年對於羊族們而言，是個缺乏生機的流年。幸運的是，所有的生機有機會透過羊族們自己的努力與布局獲得營造，因此可以說羊族們自己將會是這一年最大的貴人。

在情緣方面也是如此。單身適婚羊族們必須走出家門多參加聚會，為的是提高美麗邂逅的機會，而機率最高的是參與讀書會與學習

課程。女士們更需要加倍積極，只因爲太歲星已然提供了「正緣星」的身影，剩下的就是羊族們自己的努力了。

　　已有伴侶的羊族們，有必要挪出更多的時間陪伴，以免親愛的關係出現僵化的現象。關心另一半的健康，最爲理想的趨吉避凶就是安排舒適的健康檢查，一起同行，一起關心彼此的健康。

開運風水

　　只要你有目標，整個世界都為你讓路！

　　羊族們不需要陷入「太歲偏沖」的疑雲中，只要做好「安太歲」的動作，並且設妥人生與年度目標與方向，反而容易擁有明確而強大的行動力，創造不同凡響的流年。至於「三煞星」的化解並不難，由於「三煞星」屬「土」，方位在西南方，因此在居家與辦公室的西南方擺放「帝王水」（製作方法，請參考「奇門基因風水篇」），就有機會「化煞為權」。

　　羊族們本命五行屬土，火與土是生助的元素，方位在正南方、西南方，顏色以紅色與黃色為佳。

　　由於甲辰龍年屬於「土土偏沖」，因此需要金的元素化解，隨身攜帶龍銀、白瑪瑙花生或是銀的配飾，不但化解偏沖，同時也讓「三煞星」有機會「化煞為權」，產生幫助事業的神奇貴氣。

流年運勢亮點顏色與方位：土色、黃色、紅色、駝色、橘色。
　　　　　　　　　　　　西南方、正南方、東北方。
流年運勢幸運點顏色與方位：白色、乳白色、金色、銀色、藍色。
　　　　　　　　　　　　正西方、西北方、正北方。
流年貴人生肖：猴、雞、豬、鼠、蛇。

屬羊各年次流年運勢

2003年的羊（民國92年，癸未年，22歲）

主動出擊的流年，許多的機會是被創造出來的，接下來就是有計劃性的承接。太歲偏沖的今年，整體氣息是不活絡的，羊族們需要的不只是安太歲，還有找到理想的事業機會。對於年輕的羊族們而言，最爲理想的旺運策略就是繼續學習，還有考取證照。將生活焦點擺放在事業的經營上，情緣的部份，稍安勿躁爲宜。不過還是可以爲自己爲未來布局溫暖的家，幸福的窩準備好了，理想伴侶自然容易出現。

1991年的羊（民國80年，辛未年，34歲）

忙，是一種幸福；忙，對於人生是最好的回報。曾幾何時，人們不再談論悠閒，而是忙碌。後疫情時代，充實的忙碌是一種羨慕。如果依照此種說法，那麼今年的羊族們將會是幸福的生肖，只因爲比任何其他生肖還要忙。忙是好事，機會出現了可以趕緊掌握，財富方面也容易獲得積累。不過男士們需要謹慎面對情緣事務，女士們有機會爲自己營造理想情緣運勢。

1979年的羊（民國68年，己未年，46歲）

歲德合吉星照拂的今年，羊族們比起其他的羊人更幸運，尤其是在事業上特別容易獲得貴人的加持。企業羊人可望提升公司營運能量，一般羊人則宜勇敢承接不可能任務，有機會自我挑戰成功。情緣方面則是女士們占優勢，男士們還是專心事業爲宜。財利方面，則宜

謹慎理財，只因為劫財星虎視眈眈。善用「歲合星」磁場，可望提升財富與男士們的情緣運。

1967年的羊（民國56年，丁未年，58歲）

雖然是太歲偏沖的流年，安了太歲自然容易平安如意，然而幸運的是，太歲星以「幸福星」的角色，對於羊人釋放祝福的訊息，這是個幸福的流年。家庭運頗佳，再加上創業運也理想，因此這是個大利成家立業流年。代表的是，家運好，可望多置田產，有意購屋或換屋的羊人值得努力進行。事業轉型的羊人則適合掌握住機會改變。唯，值得提醒的是，年度目標依舊需要妥善規劃。

1955年的羊（民國44年，乙未年，70歲）

衣不如新，人不如舊。人脈磁場十分活絡的今年，羊人結識已經不一定是和事業有關的人脈，一起享受生活的美好，一起喝茶閒聊的朋友值得羊人珍惜。雖然是太歲偏沖的流年，不過太歲星依舊釋放出友善的磁場，讓五行並不平衡的今年，仍舊有機會享受歡愉的生活。需要提醒的是謹慎理財的部份，交朋友的機會多了，花費也容易提升，因此有必要妥善管理錢財，為了拒絕劫財。

1943年的羊（民國32年，癸未年，82歲）

太歲偏沖之年，除了安太歲之外，最好同時也點「元辰燈」，以及拜藥師，因為健康星磁場需要獲得提升。人緣磁場頗佳，多出門交交朋友和朋友聊天。由於美食星展現氣息，因此對於美好事務的享受，還是需要多給自己一些鼓勵。除此之外，活到老，學到老，學習的機會無所不在，看看電視，欣賞電影，都是理想的學習。財源吉星氣勢頗佳，因此這一年的投資依舊有利可圖。

屬羊流月運勢

宜謹慎面對的月份：三月、六月、九月、十一月、十二月

1 月運勢（2/3～3/5）

　　新年新氣象，喜悅的正月，家庭運勢又十分理想，家人的相聚，旺運的風水布局，容易營造一整年滿滿的好運氣勢。歲祿星、龍德吉星與紫微星三吉星併臨，本月大利開啟一整年旺運計畫。不過，婚姻嫁娶之事還是避之為宜。

2 月運勢（3/5～4/4）

　　本命三合星主事之月，再加上將星與權勢星照拂，事業的出發與學習值得積極進行，容易辛苦有成。不過由於大環境處於歲害星干擾的狀態，唯有守住自己的價值，堅定的決心才不致受到影響。月犯白虎星，安排健檢與捐血可望化解血光之災。

3 月運勢（4/4～5/5）

　　太歲之月，大好大壞。太歲偏沖的氣息在本月格外明顯，即便出現了天德星與福德星高照的現象，對於重要事務的執行還是需要謹慎再三。尤其需要謹慎理財，看不清楚市場趨勢，寧可觀察也不輕舉妄動。健康磁場也不理想，養生事宜宜多費心。

4 月運勢 （5/5～6/5）

　　陽光普照的季節來臨了，羊族們的好運勢也開啟了。驛馬星主事的本月，大利安排旅遊尋幽訪古，事業上的異動也適宜順勢執行，因為這是伯樂氣息活絡的月份。家庭運勢也十分理想，入宅、修造或家人溝通，以及購屋置產重要事宜可順勢執行。

5 月運勢 （6/5～7/7）

　　六合吉星值月，本月諸事皆宜。家庭運勢依舊理想，重要吉事值得順勢執行。由於創意星氣勢明顯，福至心靈的點子值得掌握轉換成銀子。值得提醒的是，由於病符星與喪門星值月，探病與弔唁之舉宜審慎進行。女士們的情緣事務同樣也需要謹慎以對。

6 月運勢 （7/7～8/7）

　　本命之月，大好大壞，不利嫁娶。同時也是「歲煞星」主事的月份，這個月最大的忌諱就是自以為是與理所當然，重要的事多觀察再做，勢在必行的事慢慢做。幸運的是，文昌星氣勢明顯，人緣磁場佳，本月大利廣結善緣與積累貴人籌碼。

7 月運勢 （8/7～9/7）

　　傳統七月鬼門開，詭異氣息驟升。抱持慈悲為懷的心，尊重的誠意，依舊是平安喜悅的月份，雖然出現紅鸞吉星的身影，但嫁娶之事還是需要規避。財源吉星出現生助財利吉星的氣勢，本月商務賣賣與投資求財有利可圖。男士們需要謹慎面對情緣事務。

8 月運勢 （9/7～10/8）

中秋之月，月圓人團圓。歲合星主事，並且是羊族們流年開運關鍵六合星執事的月份，吉利的層次自然非同凡響。中秋之月，記得祭拜「龍德星君」，可望將圓滿而旺盛的好運帶到明年。太歲桃花星氣盛，本月大利廣結善緣，就從勤奮的祝賀佳節開始。本月財運佳，投資宜順勢承接。

9 月運勢 （10/8～11/7）

本命三煞月，又是歲破之月，諸事不宜。事業星進入了煞星的泥淖，再加上本命磁場也出現不協調的偏沖現象，職場上重要事務的執行與抉擇，最好稍安勿躁。不過幸運的是，由於正緣星氣勢明顯，女士們面對情緣宜珍惜，讓時間提升正能量。

10 月運勢 （11/7～12/7）

本命三合吉星照拂，再加上又有太歲龍德吉星臨月，本月諸事皆宜。紅鸞吉星照拂，對於女士們而言，情緣運勢容易出現正向性的變化，宜順勢而為。正財星氣勢佳，投資求財，有利可圖。事業運也出現轉變的趨勢，企業轉型或事業轉換跑道，都值得順勢執行。

11 月運勢 （12/7～1/5）

雖然有歲合星與太歲將星值月，不過對於羊族們而言，這個月的事務執行卻需要謹慎再三，只因為「六害星」氣勢明顯。最為理想的趨吉避凶，就是按部就班，依照計畫行事。男士們的情緣運勢佳，正

緣星與家庭星出現共振現象，成家立業的好時機。

12 月運勢（1/5～2/4）

　　太歲刑剋，本命六沖，諸事不宜，更不利嫁娶。歲末年終該收斂的，該檢視的，都有機會順著「土土相衝」的機會，順利進行，並開啟規劃未來一年目標的行動。健康星氣勢不佳，宜多留意天候變化。幸運的是，太歲天乙貴人星照拂，積累貴人就從年終感恩的送禮祝賀開始。

不按牌理出牌，
創造空前的大成功

（猴）

如果你想出色，就得大膽挑戰使用不一樣的色彩。如果你想表現出色，就得有犯錯的勇氣，並且學會如何補救。相信嗎？不按牌理出牌，有機會創造空前的大成功，然而……

亮點色系	幸運點色系	幸運數字	吉利方位
黃色	藍色	1、6、7、9	正北方、正西方
綠色、紫色	白色、紅色	及其組合	西北方、正南方

亮點色系：根據宇宙大自然或太歲星所提供較豐富的能量，充分運用會成為開運亮點元素與色系。
幸運點色系：流年運勢最需要補充與強化的元素與色系。

流年運勢

　　企業顧問最常說的一句話，就是「走老路子，到不了新地標」。世界因爲疫情出現了極大的轉變，如果你還循規蹈矩恐怕很容易被改變的洪流給淹沒。此種時代背景正巧和猴子們的流年氣勢不謀而合，只因爲猴子們是太歲的「異路功名星」，20年一變的甲辰龍年太歲星提供了異想天開的環境，因此對於猴子而言，這一年最爲理想的旺運策略就是福至心靈，不按牌理出牌。

　　每個人在新的一年都會設定新目標與新理想，一般人會將新目標定的比去年稍稍高一點，同時也可能會做出與其他人一樣了無新意的策略，然後用尊重的角度，以大家的意見爲意見，並且堅持按部就班，步步爲營，見不到自己的主張。此種循規蹈矩的經營策略並沒有

錯，不過肯定搞不出新的火花。對於猴子而言，既然是「異路功名年」，就需要跳脫既有的思維模式，勇敢挑戰自我。對於事業而言，需要的就是創造出新的經營模式，蛻變轉型容易提升事業的廣度與高度，激盪出自己和公司的潛力。

正所謂「行遠必自邇，登高必自卑」，說的是凡事起頭難，重大的轉變並不容易，需要從思維和內心開始，這個道理人人都懂，但就是不容易落實。對於猴子們來說，最為理想的轉變就從改變自己開始，由外到內，再由內到外，而改變造型是最快速、最直接的策略。想要成為什麼樣的人，就妝扮成什麼樣的造型，既提醒自己，同時也告訴別人「我已經在轉變」。

因此把甲辰龍年當成猴子們的大改造年，一點兒也不為過。猴子們可以委請品牌專家為自己量身定做，勇敢將夢想與理想展現出來，唯有不按牌理出牌，才有機會創造空前的大成功，因為這是「異路功名年」。

事業運勢

異路功名是一種預料之外的成就，很可能忙的是「東」，而成就卻出現在「西」或「南」。也容易出現一種情況，那就是「有心栽花花不開，無心插柳柳成蔭」，因此在事業領域上的運作不排除任何機會與任何可能，畢竟太歲星就是猴子們的「華蓋才華星」，代表在職場上的努力容易被看見，得到意料之外的肯定。

有一句話值得成為今年的事業座右銘，那就是「想，做不到；做，意想不到」，許多時候，許多事情，機會出現了先承接做了再說。這個時候，學習成為了最為重要的旺運策略，開卷有益是學習，

專業進修是學習，抱持學習的思維與心情，不但可以柳成蔭，同時更可花滿庭。

財利運勢

偏財星身影明顯的今年，偏財運勢自然是值得關注的，只不過由於太歲偏財星的氣勢明顯不足，因此這一年的投資求財需要更多的技術和策略，以補偏財星中看不中用的遺憾。而彌補此種不足的、唯一策略將會是學習，找到正派經營的專家，與其匆忙冒險不如交付給專家，讓專家幫猴子們賺錢。

謹慎理財是必須，男士們要不趕緊成家或找到儲蓄型定期定額的投資標的，否則千萬不要花太多的時間在愛情事務上。整體而言，財利運勢以春天最旺，短線獲利後期待夏天低接，秋天加碼可望營造另一波財利，冬天調節獲利過好年。投資標的：運輸、通路、網路、交通、民生、資產概念股……等。

情緣運勢

偏財星氣勢明顯，對於男士們而言等於偏緣星氣勢明顯，因此不對的情緣少碰為妙，既得不到幸福，還容易妨礙財運，處理不當容易上演賠了夫人又折兵的戲碼。對於女士們而言，這是個有機會營造豐碩財利的流年，已有伴侶的女士們的幫夫運十分強大，其餘猴子們則不妨將生活焦點擺放在商務世界上。

建議隨身攜帶黃金虎眼一葉致富石，不但可以讓偏財星的氣勢更加明顯，財利也容易更加豐碩。女士們為自己和另一半準備黃金虎眼

石平安扣，則財運佳，愛情運更美。另外購置不動產成家立業，則是規避劫財星，同時又提升幸福指數的絕佳策略，先準備好幸福的窩，不論已婚還是未婚，也不論男女都容易獲得強大的幸福能量。

開 運 風 水

「異路功名」是猴仔們在2024甲辰龍年的特有能量，不過由於執行力雖然明顯但氣勢不佳，因此除了在行事的策略上不按牌理出牌外，在居家和辦公室的風水布局就需要強化目標感與提升企圖心。

猴子本命屬金，土、金是幸運五行元素，顏色是黃色和白色，方位則是西南方、東北方、正西方和西北方。

由於「木星」是猴仔們「企圖之星」的代表五行，因此最為理想的幸運色系將會是綠色、青色，而最為理想的開運配飾將會是圓形或葉子造型的飾品，而較為理想的材質是黃金虎眼石與紫水晶。居家和辦公室的東北方十分重要，宜擺放一盞鹽燈，將這一年的目標以視覺化在此處呈現，公司則可懸掛世界地圖標示出公司未來將經營的國家或地區。

流年運勢亮點顏色與方位：黃色、綠色、紫色。西南方、東南方、東北方。
流年運勢幸運點顏色與方位：藍色、白色、紅色。正北方、正西方、西北方、正南方。
流年貴人生肖：雞、鼠、蛇、豬、虎。

屬猴各年次流年運勢

2004/1944 年的猴（民國93/33年，甲申年，21/81歲）

　　太歲三合吉星照拂，再加上朋友星氣勢明顯，對於年輕猴子而言，甲辰龍年最為理想的旺運策略是積極廣結善緣與積累貴人籌碼。女生情緣運佳，對象對了早一點成家，早一些享受幸福。其餘猴子命運焦點值得擺放在事業上。對了，這一年需要謹慎理財，只因為劫財星虎視眈眈。

　　年長猴子要學習的是放下，這個時候的朋友是拿來享受的，不是用來展現能力與狹義風骨的。放下是為了盡情享受生命的美麗，雖然猴子們的能量依舊超強，但兒孫自有兒孫福，莫為兒孫作馬牛。健康星氣勢需要補強，就從布置個幸福的家開始，內心的平靜也是養生之道喔！

1992年的猴（民國81年，壬申年，33歲）

　　太歲文昌星主事的流年，將會是個值得盡情揮灑的一年。猴子們有滿滿的企圖想要落實，這是個執行努力的流年，想得再多，不如踏實出擊。至於是否如願成功，營造預期中的成就，那就不是重點了，只因為「想，做不到；做，意想不到」。行動了，整體運勢也獲得啟動了。這不是個理想的求財年，卻會是個理想的布局財富年。姻緣雖然不是今年的重點事務，卻是啟動整體好運勢的關鍵元素。

1980年的猴（民國69年，庚申年，45歲）

智慧生財年，太歲三合星提供了磁場讓猴子們的才華有機會變現。偏財星氣勢十分明顯，只要願意努力都有機會營造預期中的財富。每一個流年都有屬於自己的故事，對於猴子而言，今年的故事就在於實現理想，並且不需要按照牌理出牌。天下武功唯快不破，心動了就該馬上行動，因為有機會創造異想天開。流年財富可期，但男士們的情緣宜謹慎，女士們則還是多愛自己一點，就從為自己成就個幸福的家開始。

1968年的猴（民國57年，戊申年，57歲）

事業成就星氣勢明顯，雖這顆星曜來得十分突然，不過依舊是值得肯定的成就。此種情形比較容易出現在屬於自己私領域的成就，然而即便如此還是有機會躍上大成就的舞台。雖然有一點「異路功名」的味道，不過卻依舊有一種值得按部就班落實理想的感覺。智慧生財的氣勢頗佳，投資運亦佳，財富在秋冬。女士們姻緣運十分理想，人對了年齡不是問題。

1956年的猴（民國45年，丙申年，69歲）

在猴子群中唯一五行具備的生肖。太歲星提供的是家的能量，是團隊的磁場，是重新整理人生的機會。太歲三合吉星呈現的是「官印相生」的事業能量，想成就一番事業並不難，而成功之道在於借力使力，借太歲的勢，使出自己的執行力。理想的成家立業年，購買屋宅的好流年，風水布局好則好運連連。活到老，學到老，學習會讓生命更有活力，更年輕。

屬猴流月運勢

宜謹慎面對的月份：正月、六月、七月、十二月

1 月運勢（2/3～3/5）

六沖之月，按理說應該諸事不宜。不過正值新春之月，同時也是歲祿月，猴子們只要沒有安排出遠門的事務，這是個平安順遂的月份。本月不利嫁娶，女士們的姻緣運卻是理想的。事業貴人星氣勢十足，新年的祝賀不宜停歇。大利規劃一整年的事業布局。

2 月運勢（3/5～4/4）

名利雙收的氣息頗盛，事業布局不宜停歇，雖然「歲害星」攪亂了整體環境，不過紫薇、龍德和玉堂三大吉星照拂，即便是異想天開的事業點子都值得珍惜與嘗試。男士們的情緣運頗佳，正緣星氣勢頗優，該掌握的就不該猶豫。家庭與團隊運都理想，值得構築幸福的窩。

3 月運勢（4/4～5/5）

太歲之月，大好大壞。太歲星、天喜與天乙貴人星照拂，理論上是個吉利的月份。不過可惜的是，由於月犯白虎星，還是需要提防血光之災，捐血是化解血光的絕佳策略。本命三合月，猴子們的家庭運

頗佳，重大事務與購屋置產都值得進行。

4 月運勢（5/5～6/5）

六合之月，諸事皆宜。家庭運依舊理想，購屋置產事宜依舊值得繼續執行。由於事業貴人星同步理想，因此這也是個理想的調整團隊與系統運作的時段。女士們的姻緣運頗佳，大利嫁娶與成家立業。職場跑道的更換，伯樂有機會欣賞猴子們的才華。

5 月運勢（6/5～7/7）

事業星的氣勢如本月的氣溫，居高不下，而且還在繼續攀升。尤其當本命元辰星展現氣勢，有理想就該實現它。貴人星磁場亦佳，本月大利廣結善緣，尤其是事業上的人脈，因此宜積極參加商務聚會，即便是學習也無妨。男女情緣運不佳，關心就好。

6 月運勢（7/7～8/7）

歲煞之月，諸事不宜。巧的是，同時也是自己的本命煞星月，再加上劫財星守在財庫上，因此除了謹慎理財，還需要學會吝嗇，對於親友的支借量力而為。本月不利嫁娶。病符星氣勢猖狂，作息正常不熬夜，多愛自己成就自己。愛情事務，少碰為宜。

7 月運勢（8/7～9/7）

傳統的七月，神祕的色彩，讓人敬畏，本月不利嫁娶。雖然七月的神祕逐漸淡化，不過月犯「五鬼星」，猴子們的重要事務還是避開

為宜。本命之月，向來就容易大好大壞，不過當文昌星氣勢明顯的時候，猴子們對於理想的實現還是值得努力。

8 月運勢（9/7～10/8）

歲合之月，諸事皆宜，又是月圓人團圓的月份，本月大利嫁娶。桃花星氣勢明顯，伴隨的是貴人能量滿分，中秋佳節的祝福只能多不能少。送禮是必然，通訊軟體上的祝福亦可，但圖不如文。合作的氣息出現了值得積極掌握，先求有再求好。

9 月運勢（10/8～11/7）

歲破之月，諸事不宜。雖然是大環境的事務，不過還是需要謹慎以對。尤其是當猴子們的財富星陷入歲破的漩渦中的時候，除了謹慎理財，對於投資求財更需要有見好便收的策略。男士們尤其要謹慎面對情緣事務，與女性互動務必步步為營。

10 月運勢（11/7～12/7）

才華星與財富星併臨的本月，有機會開創理想中的財富。對於合作的事務，有必要檢視再三，合約的簽署需要委請專家陪同。計畫和理想容易脫節，放慢步伐是智者之舉。六害星值月，凡事依照計畫為宜。男士們的情緣運佳，該珍惜的就不該輕易錯過。

11 月運勢（12/7～1/5）

將星之月，伴隨三合吉星的氣勢，這是個理想的出發月。女士們

的姻緣運頗佳，理想的對象值得珍惜，不過已有伴侶的女士需要關心另一半的健康。月犯官符星，簽約用印宜謹慎，法律合約條文需要專家檢視。種福田之月，捐款救助弱勢功德無量。

12 月運勢（1/5～2/4）

歲末年終，雖然太歲吉星高照，而本命月德星也理想，不過就從事業星氣場進入收斂狀態看來，這將會是個整理再出發的流月。官貴星雖明顯，但氣勢不佳，本月可檢視，但不利重大抉擇。本月不利嫁娶。迎接新年最好的策略就是準備好祝福的禮物與圖文。女士們情緣運不佳，並且需要留意健康事宜。

為自己安排學習機會，（雞）啟動太歲五行的能量

舊巢共是銜泥燕，飛上枝頭變鳳凰。雞族們開運了！從「歲破」到「歲合」，再到「歲星桃花」滿天飛，以及「太歲官祿」照拂，這是個名利雙收的吉利好流年，不過還得看「本命煞星」如何化解。

亮點色系	幸運點色系	幸運數字	吉利方位
黃色、紅色	白色 綠色、藍色	1、4、7、6 及其組合	正西方 東南方、正北方

亮點色系：根據宇宙大自然或太歲星所提供較豐富的能量，充分運用會成為開運亮點元素與色系。
幸運點色系：流年運勢最需要補充與強化的元素與色系。

流年運勢

擺脫了「歲破」的厄勢力，雞族們應該有一種解脫和釋然的感覺，而甲辰龍年迎接雞族們的是「歲合星」，這是一種被太歲星呵護與祝福的星曜，再加上「太歲正財星」氣勢明顯，以及「太歲官祿星」照拂，雞族們做好迎接名利雙收好年、展翅高飛的準備了嗎？

整體而言，甲辰龍年對於雞族們而言，是個典型的「財官印相生年」，要錢，有錢；要事業，事業有成；要家，家運興盛繁榮。而這些吉利旺氣都來自於「歲合星」的祝福與加持。於是乎，「雞」成為了甲辰龍年的幸運生肖，更是流年幸運物的代表。可想而知，這一年用心用力奉請「金雞母」的人將如雨後春筍。不過陶文老師一定要善盡提醒的責任，雖然雞族們是甲辰龍年的「歲合星」，肯定可以合住

「官貴運」、「事業運」和企業轉型或出發的「機會運」，不過由於自己是「歲合星」，而太歲同時也是「本命煞星」的緣故，吉凶交參的情況下，自我提升和謹慎的功課就不能少，否則此種吉利的現象極容易成為過眼雲煙，曇花一現。策略不對好運浪費，即便奉請了「金雞母」也是枉然。

　　面對此種禍福相倚的流年，需要的是智慧，而提升智慧最為理想的策略就是學習，以及詳細閱讀這本《龍年開財運賺大錢》流年開運書。不論是哪一個層級的雞族們，都得安排屬於自己的學習。對於「歲合星」而言，學習的五行元素就是甲辰太歲星最為缺乏的水星，也是讓「本命煞星」的厄勢力可以獲得有效化解的絕佳策略。另外就是設定明確的目標，啟動學習機制，設妥目標會更清楚朝哪方面努力，太歲所提供的「名利雙收」才有機會實至名歸，自然就有機會飛上枝頭變鳳凰。

事業運勢

　　名利雙收一定是許多人的期望，也是努力的目標。而許多人並沒有如願以償的原因，也大多在於執行力。對於雞族們的甲辰龍年而言，只要目標清晰，太歲星已然提供了執行的能量，再加上官貴星也存在著黃袍加身的氣勢，唯一需要強化的就是能力了。這就是為什麼一直催促雞族們為自己安排學習機會的原因，雖然不容易但一定要進行，任何型態的學習都有機會啟動整體太歲五行的能量。

　　對於企業雞族而言，事業的轉型與系統的整合都是一種轉變，而對於一般雞族們來說，則是提升競爭力，以及開拓其他能力的機會，成為合乎時代背景的斜槓人。換個角度來說，重點不在於學習什麼，

而是學了之後要用在哪裡。

財利運勢

萬事俱備，只欠東風。太歲星為雞族們準備好了「正財星」，同時也提供了「財庫星」儲備財富，這個時候雞族們只要認真賺錢，就有機會將錢財引之入囊。不過值得留意的是，在太歲的整體結構中，由於不見「財源星」的身影，因此即便雞族們很努力恐怕也會枉然。

就太歲五行角度來說，「財源吉星」可以透過學習獲得營造，對於投資求財而言，代表的是如何買比如何賣重要多了，也就是說買對了，隨便賣都會賺錢。整體而言，財運最旺的季節在於春天可加碼，夏天納財，秋天等待機會，冬天承接。財利標的容易出現在航運、交通、Type C、人工智慧、通路概念與消費型小型金融⋯⋯⋯等。

情緣運勢

歲合星照拂之年，按理說自然是吉利非常，不過可惜的是，自己是「歲合星」，而太歲同時也是「本命煞星」，再加上情緣星的磁場不佳，因此這一年不但不利嫁娶，同時對於情愛運勢也需要格外謹慎。「桃花星」是太歲星提供給雞族們的流年禮物，如果將「太歲桃花星」運用在人際關係的經營上，這將會是個人緣滿分的流年。不過如一刃兩面一樣，「太歲桃花星」和「本命煞星」的同步，雞族們務必謹慎面對異性的互動，稍有不慎極有可能招惹爛桃花，其後果是很難想像的。

單身適婚雞族們宜將生活焦點擺放在學習的領域，既旺財富，又

旺事業。已有伴侶的雞族們，則宜多釋放關心的訊息，以及布置個幸福的家，今年大利購屋置產，也大利布局旺宅旺財的幸福好風水。

開 運 風 水

　　名利雙收的好流年，太歲提供了如此理想的能量，值得雞族們好好珍惜運用。老天爺是公平的，已然提供了「官貴運」、「事業運」與「機會運」的活絡能量，卻也提供了一個需要自我克服的課題，那就是自己是「歲合星」，而太歲同時也是「本命煞星」。這個時候雞族們要執行的趨吉避凶，就要從避凶開始了。

　　雞族們的本命五行屬金，本命方位在正西方，土和金是生助五行，黃色、白色和金黃色則是本命吉利色系。

　　在行為上的開運布局就是學習，而風水上的開運布局則是在住家和辦公室的正北方擺放「陰陽水」和「聚寶盆」。並且隨身攜帶龍銀、白瑪瑙花生、墨翠回頭鹿或黃金虎眼石。

流年運勢亮點顏色與方位：黃色、紅色。西南方、正南方。
流年運勢幸運點顏色與方位：白色、綠色、藍色。正西方、東南方、正北方。
流年貴人生肖：豬、鼠、猴、蛇、牛。

屬雞各年次流年運勢

1993年的雞 （民國82年，癸酉年，32歲）

智慧星照拂的今年，機會出現的頻率也容易提升，這將會是個充滿活力的流年。對於充滿自信的雞族們而言，需要的就是目標的設定了，將靶設妥當，才有機會瞄準將箭射出。事實上也是如此，對於雞族們而言，絕佳好運勢容易出現明年（2025年）。由此可知，這將會是個值得卯足勁努力的一年。情緣運並不理想，生活焦點宜擺放在事業上。多用紅色，對於提升金錢運有幫助。

1981年的雞 （民國70年，辛酉年，44歲）

歲合星的祝福，再加上桃花星的加持，雞族們的人緣磁場是活絡的。有道是「會做人，比會做事情重要多了」，這個時候的廣結善緣可望營造下半輩子豐沛的事業貴人籌碼。值得提醒的是健康方面的事務，「三煞星」作祟雞族們宜避免過勞，多愛自己一些，飲食務必均衡。男士們宜謹慎面對情緣事務，不理想的對象敬而遠之。這一年有財無庫，反而大利購屋置產，居家風水布局更重要。

1969年的雞 （民國58年，己酉年，56歲）

當事業能量獲得太歲提升的時候，就該給自己一個奮起的機會，不論是再創高峰，還是新事業出發，或者是谷底翻身，只要循著太歲

星給予的「官貴運」能量，就有機會神龍活虎一番。唯需要提醒的是，目標與行動計畫十分重要，因此需要事先布局與造勢。女士們的情緣運勢是理想的，人對了就值得珍惜。健康的能量需要補強，飲食與作息都需要維護。正北方擺放白瑪瑙、龍銀與陰陽水，有旺財富的神效。

1957年的雞（民國46年，丁酉年，68歲）

家庭運勢頗佳，家族的凝聚對於整體運勢具有極大的幫助。對於事業而言，代表的是團隊與系統，組織與系統重新架構好，只問系統不問人，對於企業的留人與永續經營具有極大的助益。居家與辦公室的風水需要重新調整，以便迎接太歲星的呵護能量。財運雖佳，不過還是需要謹慎理財，轉投資或增資需要仔細的評估與規劃。多愛自己一點，就從心境上的舒適開始。

1945年的雞（民國34年，乙酉年，80歲）

健康是最大的財富，而老朋友則是提升健康能量的重要元素。衣不如新，人不如舊，不過「老朋友」的定義未必是所謂的「多年舊識」，而是歡樂相聚相談甚歡的朋友。雖然財利運勢頗佳，不過還是需要謹慎理財，對於親友的借貸更需要量力而為。安排適合的健康檢查，尤其是營養的吸收部份。家庭環境的整理十分重要，陽光、空氣、水（動線順暢）缺一不可。

屬雞流月運勢

宜謹慎面對的月份：二月、三月、五月、八月、九月、十月。

1 月運勢（2/3～3/5）

　　歲馬奔馳之月，新春的喜悅，再加上歲祿、月德、福德與天德等五大吉星照拂，諸事皆宜，更是大利嫁娶。祿馬財神氣勢磅礴，本月大利規劃一整年名利雙收計畫，容易順遂如意。男士們宜謹慎面對情緣事務。女士們財旺情緣更旺。

2 月運勢（3/5～4/4）

　　本命六沖之月，再加上歲害星干擾，本月重要吉事避之為宜，尤其是嫁娶事務。化解之道在於水星，本月宜多用藍色衣物與配件，正東方宜擺放陰陽水。慢就是快，凡事多給自己一些時間思考與沉澱，投資求財事務更是如此。情緣事務，不處理是最好的處理。

3 月運勢（4/4～5/5）

　　本命六合之月，按理說應該十分吉利，不過可惜的是，由於同時也犯本命煞星，本月不但諸事不宜，並且需要妥善管理情緒。本月不利嫁娶。幸運的是，由於天乙貴人與隆德貴人併臨，將生活焦點擺放在廣結善緣，有利貴人的積累。女士們宜關心另一半的健康。

4 月運勢（5/5～6/5）

本命三合，同時也是歲合星執事的月份，諸事皆宜。事業職場事務出現了異動的能量，適宜調整運作模式與跑道，同時也適宜勇敢承接挑戰。女士們的情緣運勢頗佳，人對了，即便需要競爭也無妨。值得提醒的是，由於月犯白虎與流霞，安排捐血既救人又消災解厄。

5 月運勢（6/5～7/7）

本命桃花值月，雖然紅鸞星也出現了，不過對於情緣運勢而言，還是需要謹慎以對。事業上容易出現競爭的對手與氣息，以合作取代競爭是智者之舉，關鍵是遊戲規則不宜馬虎。本月需要謹慎以對的還有理財的部份，多看多聽少動作為宜。

6 月運勢（7/7～8/7）

歲煞之月，諸事不宜。歲煞代表的是三方四正的晦氣匯聚，許多的負能量以隱藏的方式悄悄呈現，因此容易出現莫名的情緒反應防不勝防，這個時候事緩則圓成為了理想的趨吉避凶。雞族們需要格外留意的原因，是因為「祿神」觸犯煞星，因此還需要多關心健康事宜。

7 月運勢（8/7～9/7）

傳統的七月，神祕的鬼月。由於歲合星值月，再加上貴人星氣勢明顯，對於人際關係的經營而言，這是個十分值得用心的時段。病符星值月，七月十五日地官赦罪，對於人際關係的彌補與健康的呵護都具有神奇的效果。合作機會出現了，先掌握再說。

8 月運勢（9/7～10/8）

喜悅的八月，圓滿的八月。不過由於是本命月，因此容易出現大好大壞的現象，本月不利嫁娶。本命月需要避免的第一件事，就是自我矛盾。尤其是事業上的事務，最大的忌諱就是重工，亦即陷入死胡同。文昌星氣勢明顯，人緣磁場可藉由佳節的祝福獲得提升。

9 月運勢（10/8～11/7）

本命六害月，同時也是歲破月，諸事不宜。尤其忌諱嫁娶之事。整體而言，大環境的磁場處於不平靜狀態，不過由於屬於土土對沖，因此反而容易出現突破僵局的機會。雞族們需要的是做好自我心態的調整，隨緣不強求是化解之道。男士們的情緣事務，也是如此。

10 月運勢（11/7～12/7）

本命驛馬星主事的本月，又出現了智慧生財的現象，這是個大利出發的時段。不論是事業的異動，還是知性之旅的安排，或是投資求財的順勢承接，這都是個理想的行動月。男士們的情緣運勢頗佳，只不過忠心耿耿是絕佳策略。本月亮點在事業，值得女士們聚焦。

11 月運勢（12/7～1/6）

上個月的行動，營造本月的成就。太歲將星值月，再加上本命文昌星氣勢佳，延續上個月的積極行動，本月辛苦有成。月犯「五鬼星」，理想的化解之道在於建立系統與組織，以及按部就班落實。女士們情緣運勢佳，理想的對象出現了值得珍惜。

12 月運勢（1/5～2/4）

　　本命三合吉星照拂，即便因爲歲末年終，整體氣勢處於混沌狀態，雞族們還是容易因爲三合才華星，讓收尾的月份不沉悶。這是個大利設定明年目標的時候，因爲雞族們容易因爲走出陰霾，而迎接充滿貴氣與事業氣息的2025蛇年。女士們宜謹慎面對情緣事務。

借勢順勢，安太歲積極廣結善緣

（狗）

沖太歲，就是歲破。好可怕的流年運勢。不過不會有人知道，如此這般的沖，存在著一種愈沖愈旺的能量。不要懷疑，狗狗們請用喜悅的心情，繼續看下去……

亮點色系	幸運點色系	幸運數字	吉利方位
黃色	白色、金黃色	1、6、7、0	西方
橘色、紅色	藍色、銀色	及其組合	西北方、正北方

亮點色系：根據宇宙大自然或太歲星所提供較豐富的能量，充分運用會成為開運亮點元素與色系。
幸運點色系：流年運勢最需要補充與強化的元素與色系。

流年運勢

　　沖太歲，就是歲破。相信狗狗們應該在過年之前就剉咧等吧！仔細想想也是如此，太歲星何其尊貴，一年的霸主，就像皇帝君主一樣，沖太歲就是和君主過不去，再怎麼說都要提心吊膽。安太歲是必須，安了就會安心，安了就會平安。

　　也許有人還不知道什麼是「沖太歲」，又什麼叫做「歲破」。「沖」就是直衝、是對峙。甲辰龍年的太歲位置在「辰」辰次，而狗狗們則在太歲的180度的對面，直接沖撞太歲星，由於運氣上容易出現巨大的破口，因此「沖太歲」也被稱為「歲破」，是十分不吉利的流年，因此必須安太歲，向太歲星請罪，並祈求保佑平安。

　　「沖太歲」的生肖的確容易出現運勢變動的情況，不過相同的生

肖並非每一個人都會遭遇不幸，是吉是凶還得觀察本命格局的特質。而「沖太歲」的年一共可分為三種，一種是容易觸動車關與大變動的沖，那就是寅申巳亥（虎猴蛇豬）年。另一種則是大好大壞的衝剋，事業和情感容易受到衝擊，也有人衝擊到健康，那就是子午卯酉（鼠馬兔雞）年。而甲辰龍年的沖則屬於土土相衝，反而是容易出現出運與蛻變的沖，那就是辰戌丑未（龍狗牛羊）年。五行「土」具有閉鎖的特質，土土之沖容易沖開閉鎖，因此這樣的沖，反而容易出現愈沖愈旺的現象。

　　沖就是動，動就容易出現機會。甲辰太歲對於狗狗而言，不但將淤滯的土氣沖開，同時從官貴事業星逢沖看來，將會是在事業上最容易破繭而出的生肖。聰明的人會借勢，更會順勢，建議趕緊安太歲與積極廣結善緣，順著沖動的流年氣勢布下轉大運勢的局。同時也順著三元風水更迭的機會，營造興旺20年好運的風水大格局。

事業運勢

　　衝動，兩個動詞擺在一起，不難感覺到巨大的爆炸力。沖太歲也是如此，尤其是龍和狗之間的沖更是微妙。再加上狗狗們的事業星正巧是太歲星，逢沖而動的機率十分高，因此與其被迫的動，還不如事先做好規劃主動出擊，自己選擇如何動，何時動，用哪一種方式動。為了避免出現二分法的動，狗狗們需要為自己的運勢建造一個疏流的圓環，安太歲、風水布局、規劃與行動以及學習都是圓環的建材。

　　換個角度來說，這是個理想的翻轉年。疫情期間的委屈容易在今年獲得紓解，而事業的轉型與蛻變更有機會獲得推動的能量。一般狗狗們，主動出擊找機會，異動成為了運勢的亮點，而安排專業學習的

課程，則是讓亮點發光發亮的佳策良方。

財利運勢

愈沖愈旺的是事業，對於財利運勢而言，恐怕就需要多費心思了。就太歲的五行氣數角度觀察，發覺狗狗的運勢結構中最不明顯的就是財源吉星和財利星，即便因為「土土相衝」而出現了機會，卻容易因為沒有建構渠道系統，而讓財神爺擦身而過。

對於狗狗而言，甲辰龍年的旺財星曜就是「歲合星」。回歸現實面角度，「歲合星」就是狗狗們的「財源吉星」，而提升能量的方法就是學習、觀摩與複製。企業商務需要的是更詳盡的市場調查，以及行銷計畫。

整體而言，財運以多天為旺，秋天是發財的季節，夏天宜提防劫財，春天順勢短線運作。投資標的宜以智慧型高科技、金融、食品、紡織、汽車零組件為佳。

情緣運勢

沖太歲之年，婚姻嫁娶是最大的忌諱。婚姻是一輩子的大事，幸福需要可經營的穩定環境，當然需要更多的祝福，當一個從傳統到每個人的認知都認為不宜嫁娶的流年，新人們還是寧可信其有從善如流為宜。

雖然如此，對於女狗狗來說，由於正緣星氣勢明顯，甲辰龍年反而是個容易與對的人相遇的流年。只不過需要的認知是，這個對象可能無法合乎羅曼蒂克的要求，由於傾向於務實、認真的事業狂，耐心

與細心成爲了幸福的需求。單身適婚男士們宜將生活焦點擺放在事業上，已有伴侶的男士則需關心另一半的健康。

開 運 風 水

　　歲破之年，無喜恐有災。這是老祖先留下來的警語，即便是「辰戌」的「土土沖」，也同樣需要趕緊安太歲。好的風水就是借力使力，向宇宙借助能量，因此宜順著「土土之沖」的勢布置旺事業與家業的風水局。

　　甲辰龍年的太歲在東南方，而狗狗的本命位在西北方，在居家或辦公室中央位置擺放白水晶或是白色大象（鼻子上舉），具有「化煞為權」的作用。上班族則在辦公桌的正前方擺放白色小花瓶，可以置水養植物，代表平平安安與欣欣向榮，事業前景開闊。

　　狗狗們本命屬土，因此喜愛火與土元素的生助，吉利顏色為紅色和黃色，方位則為南方、東北與西南。不過甲辰龍年還是以白色為宜，隨身攜帶龍銀、白瑪瑙花生或黃金虎眼石最為理想。

流年運勢亮點顏色與方位：黃色、橘色、紅色。西南方、東北方、南方。
流年運勢幸運點顏色與方位：白色、金黃色、藍色、銀色。西方、西北方、正北方。
流年貴人生肖：猴、雞、豬、鼠、虎。

屬狗各年次流年運勢

1994年的狗（民國83年，甲戌年，31歲）

人比人，氣死人。在這個競爭火熱的年代，人和人之間的比較需要技巧，如有本事，還需要情商，即便沒有到退一步海闊天空的境界，卻也需要有不爭一時的智慧。默默耕耘，默默茁壯，學習朱元璋的智慧，那就是「高築牆、廣積糧、緩稱王」。勤加學習，穩固自己的本事和市場競爭的防禦工事，讓自己成爲無可取代。謹慎理財，切勿過度擴張信用。不分男女，情緣事務稍安勿躁爲宜。

1982年的狗（民國71年，壬戌年，43歲）

文昌星氣勢明顯的龍年，狗狗們的滿懷抱負容易獲得實現。不過萬事俱備，只欠東風，而這個東風就是明確的目標和堅決的執行力，還有組織與系統，只因爲這是個需要避免陷入孤軍奮戰的流年。

財源吉星氣勢佳，只可惜財富星不見蹤影，投資求財的時候宜以低接爲主，買對了就有機會賺錢。情緣運勢並不理想，不論男女還是將生活焦點擺放在組建事業團隊上。布置甜蜜的家，對於整體運勢有莫大的幫助。

1970年的狗（民國59年，庚戌年，55歲）

放下是爲了下一次的拿起，走出去才有機會和更好結合。擺爛不

用學就會，但責任磁場沉重的流年，狗狗們反而需要偶而的擺爛，學會停下腳步給自己一些喘息的時間與空間，事務的呈現反而容易更加美好。就從走出去廣結善緣開始。

財富吉星氣勢雖然明顯，不過由於財源吉星氣勢不佳，因此狗狗們需要的是觀察後再行動的智慧。男士們宜謹慎面對情感事務。把家中的複雜變簡單，流年運就開了。沒事多喝水，有益健康。

1958年的狗（民國47年，戊戌年，67歲）

安太歲的同時，也需要點亮元辰燈，以及祭拜藥師佛。只因為這是個健康需要用心呵護的一年，現實生活中可以做的就是多喝水，另外宜降低應酬和外食的機率。

謹慎理財，只因為劫財星虎視眈眈，同時也因為財源吉星氣勢不明顯，而財富之星也遭到埋沒。對於親友的借貸務必量力而為，因為流年氣勢中所呈現的現象是有去無回。女士們的正緣星磁場明顯，因此姻緣運值得運作，不過對於已有伴侶的女士而言，卻需要關心另一半的健康。事業運頗佳，而且是無心插柳柳成蔭。

1946年的狗（民國35年，丙戌年，79歲）

家，是永遠的避風港。即便是內心世界的家，也是如此。在甲辰龍年太歲氣息中，提供了家的能量，代表這一年中「家」的事務容易占去生活的大部分。也代表值得努力把家整理好，為自己布置個幸福溫暖擁有滿滿好風水的家，對自己好一點。

太歲星提供了「家」的訊息，其實也在告訴狗狗們許多事情看在眼裡，擺在心理就好。學會隨時轉念，讓好風水存在起心動念之間。學習是為了讓生命更精彩，以前沒有時間而放棄的學習，如今隨心所欲。

屬狗流月運勢

宜謹慎面對的月份：三月、六月、八月、九月、十二月

1 月運勢（2/4～3/5）

　　新春的喜悅，再加上本命三合吉星照拂，這是個吉利的月份。本月諸事皆宜，更是大利安太歲，布局好風水，規劃如何愈沖愈旺。從「官印相生」磁場超強看來，家的能量多大，事業的壯大空間就有多大。女士們姻緣運勢十分理想，值得珍惜與努力。

2 月運勢（3/5～4/5）

　　本命六合月，按理說應該是個吉利的月份。不過婚姻擇日學還是認為不利嫁娶。大環境並不理想，只因為月犯歲害，重大吉事還是避開為宜。桃花星盛開，本月大利廣結善緣積累貴人。女士們宜謹慎面對情緣事務。健康磁場頗佳，值得安排健康檢查。

3 月運勢（4/5～5/5）

　　太歲之月，大好大壞。本命六沖月，自然是諸事不宜，更是不利嫁娶。人際關係的磁場出現衝剋，因此謹言慎行是必須的修為。由於土氣沉重，需要金氣紓解，白色是開運色系。抱持學習的思維，亦可化阻力為助力，化小人為貴人。謹慎理財，只因劫財星虎視眈眈。

4 月運勢（5/5～6/6）

福祿星氣勢明顯，再加上紫薇、龍德與貴人星照拂，這是個諸事皆宜，並且大利廣結善緣的月份。家庭運格外理想，入宅、修造與購屋置產等重要事務，皆可擇吉執行之。成家立業的能量旺盛，事業上也適宜營造向心力，這是狗族們一年中最幸運之月。

5 月運勢（6/6～7/7）

三合吉星照拂，在加上將星與文昌星加持，加把勁事業可望再上一層樓。只不過由於月犯白虎星，挽起袖子捐出鮮血，既做功德又化解血光之災。職場上的仗義執言，需要的是方法和對的時機。投資求財宜謹慎，財源吉星氣勢不佳，宜避免誤判。

6 月運勢（7/7～8/7）

歲煞之月，同時也出現了本命偏沖，重要吉事避之為宜。幸運的是，由於福星高照，對於既定事務的執行依舊宜順勢進行。人際關係的功課依舊需要用心，就從多讚美開始。金錢星氣勢不佳，投資求財多看、多思考，再出手不遲。

7 月運勢（8/7～9/7）

傳統七月，習慣上都會將重要吉事避開。傳統說法尊重就好，雖然驛馬月宜謹慎面對交通事宜，不過從金水氣息旺盛看來，反而成為了狗族們的幸運月。投資求財，有利可圖。商務買賣偏財星掛帥，財利可期。男士們宜謹慎面對情緣事務。

8 月運勢 （9/7～10/8）

幸福的月份，圓滿的節慶，大利執行廣結善緣式的佳節祝賀。由於六害星值月，本月不利嫁娶，重要事務的執行，也有必要依照計畫執行，按圖施工，才能保證成功。男士們的正緣星如滿月，人對了就該積極追求。財運佳，商務、業務和投資都有利可圖。

9 月運勢 （10/8～11/7）

本命之月，同時也是歲破的月份，事務執行宜謹慎，本月不利嫁娶。幸運的是，由於事業星氣勢明顯，合作的機會出現了還是值得掌握，設妥遊戲規則才是重點。健康星氣勢不佳，宜留意作息。財利運勢也不明顯，保守為宜。女士們情緣運佳，是良緣就該珍惜。

10 月運勢 （11/7～12/7）

進入立冬，冬天來臨了。這是個「財官相生」的月份，代表的是「名利雙收」，事業職場值得加把勁，因為辛苦有成。本月大利嫁娶，同時也大利轉換跑道。男士們宜謹慎面對異性互動，放錯電容易惹上麻煩。幸福的女士們，本月情緣可精挑細選。

11 月運勢 （12/7～1/5）

歲合星照拂的本月，整體大環境是吉利的。本月不宜弔唁，勢在必行，宜攜帶一包粗海鹽。家庭氣勢佳，入宅、修造與購屋置產皆宜順勢行。男士們的正緣星氣勢明顯，本月大利成家立業。財富星氣勢亦佳，投資求財見好便收。

12 月運勢（1/5～2/4）

　　歲末年終，收斂的月份。由於本命三煞星值月，重要吉事還是等明年再說。年終盤點一整年的功過，檢視未盡完善之處，調整後迎接福祿雙全的新年，而且就從開春後的正月開始。健康星磁場不佳，留意天候變化，多喝水、多休息。這一年的新年祝賀愈多，來年愈旺。

借力使力，善用學習與創造力
（豬）

文昌星是太歲星提供給豬族們2024年的禮物，由於此顆智慧星同時也具有創作和改變的能量，因此對於豬族們而言，2024甲辰龍年將會是個精彩的流年，並且是創造出來的精彩。

亮點色系	幸運點色系	幸運數字	吉利方位
綠色 藍色、黃色	白色、金黃色 紅色、紫色	1、9、6、7 及其組合	西南方、正西方 西北方、正南方

亮點色系：根據宇宙大自然或太歲星所提供較豐富的能量，充分運用會成為開運亮點元素與色系。
幸運點色系：流年運勢最需要補充與強化的元素與色系。

流年運勢

時代在變，我們自己也在變。只是時代變化的速度實在太快了，加快腳步是我們必須的策略，不過真正而有效的策略，還是在於善用學習與創造力，讓我們自己掌握變數，而不是跟隨。

巴菲特合夥人查理蒙格曾說過「想得到你想要的東西，最可靠的方法，就是讓自己配得上，擁有它」。這句話和我們經常聽到的寓言相關，那就是「與其去追一匹馬，不如用追馬的時間種草，等到春暖花開時，就會有一批駿馬任你挑選」，而這個意境正巧就是擁有六大吉星照拂的豬族們的甲辰龍年運勢寫照。

整體而言，擁有紫薇、龍德、地解、文昌、紅鸞和歲祿合六大吉星照拂的流年，豬族們的甲辰龍年將會以龍騰虎躍的方式出發。這其

中的文昌星最為耀眼，文昌星也是顆智慧之星，同時也具有創作和改變的能量，因此對於豬族們而言，2024甲辰龍年將會是個精彩的流年，並且是創造出來的精彩。

有人說「智慧不等於智商」，因為智慧是一種非常真實的能力呈現，同時也會是群體行為和態度的寫照。豬族們的「文昌智慧星」具有個人魅力與行事風格，此種魅力透過太歲星的能量擴散與彰顯，豬族們的人緣磁場在2024甲辰龍年容易獲得極大的提升，於是豬族們的龍年是吉利的，是順遂的，同時也是備受貴人呵護的。只不過，在甲辰太歲氣數結構中，「文昌智慧星」的五行結構處於後繼無力的狀態，因此豬族們有必要為自己營造「後天」的接續性能量。其策略之一是學習，有計劃性、決策性與目的性的學習，就像種植一片草原；其次是務必隨身攜帶「黃金虎眼一葉致富石」，不但可以提升文昌星、食神祿與富貴星的氣勢，其目的就在於合住了「歲祿星」的旺氣，對於現實面而言，那就是隨時提醒自己要廣結善緣，營造借力使力的籌碼。

事業運勢

行動力，不只有想法，更要有做法，這是多年前一位作者的書名，成為豬族們的2024年事業運勢十分貼切的寫照。這是個充滿機會的一年，對於豬族們而言是如此，也將會有很多的想法，不過可惜的是，由於太歲氣場中並沒有提供同步的做法，因此最容易出現的將會是眼高手低，虎頭蛇尾。在這不缺行動力的一年，豬族們要學習的是設定目標與完成目標的策略與方法。想成為什麼樣的人，想要擁有什麼樣的成就，有目標就容易讓行動力展現成果。

整體而言，事業容易轉型成功，創業也容易有成，但先決條件是明白自己在做什麼，為什麼要這麼做，就像軍人為何而戰一樣，明白了，事業生命就蛻變了。

財利運勢

偏財源吉星氣勢明顯，按理說甲辰龍年對於豬族們而言，應該會是個財源廣進的一年，只可惜太歲的財富氣勢還等待豬族們自己啟動。

整體而言，這是個充滿機會的流年，只要為自己打造一個財庫，想要財運亨通並非難事。太歲星提供了溝渠，豬族們可以為自己挖個庫池，而這個庫池就是積累財富的方向和策略。

對於企業豬族們而言，改變營運策略勢在必行。一般豬族們，則宜提升斜槓的機會與本領，就從有計畫的學習開始。

整體財運以春天最為活絡，夏天有機會開花結果，收成在於夏末秋初，秋天積累能量投資穩固型的標的，同時也是購屋置產的絕佳時機。冬天養精蓄銳期待春暖花開。

投資標的宜以電子高科技為主，石油、能源、電池、網通、穿戴型科技都是值得關注的標的。

情緣運勢

當機會出現了就該積極掌握，說的是事業，也在說財富，更在說女性豬族們情緣運勢的運作。

整體而言，這是個紅鸞星動的一年，因此這一年大利嫁娶，同時也有利成家立業，男女都是如此。只不過對於女豬族而言，又將會更加

幸福，只因為正緣星容易獲得啟動。然而可惜的是，這是個行動力與企圖心旺盛的一年，不論男女豬族們都容易因為投入事業而荒了情緣。

　　對於已有伴侶的豬族們而言，除了事業還是需要安排陪伴的時間，否則極容易顧此失彼。單身適婚豬族們，對象出現了固然值得用心用力，不過還是建議將生活重心與焦點擺放在事業上為宜。畢竟太歲氣數中一旦財富星氣勢獲得啟動，豬族們的幸福能量也將會獲得圓滿的營造。

開運風水

　　文昌智慧星是太歲賜予的禮物，只可惜太歲的美意只做了一半，文昌星的後繼力道還需要豬族們自己營造。

　　豬族們的本命五行屬水，本命方位在西北方，因此金和水是吉利五行，而西方、西北方和北方則是本命幸運方位。

　　甲辰龍年太歲的五行結構是上木下土，而甲木是豬族們的文昌星，這顆文昌星同時也是「偏財源吉星」，只可惜「偏財星」氣勢並不明顯，因此唯有自己在正南方或是隨身攜帶的配件上做功課，否則甲辰龍年的精彩恐怕只會上演一半。

　　居家和辦公室的正南方可擺放紫水晶、黃金虎眼石……等。黃色的布局可化煞為權，化小人為貴人。而東北方則是「歲祿方」和「歲馬方」，適宜大紅、紫色的布局。而隨身攜帶黃金虎眼一葉致富石，則是啟動整體太歲五行的絕佳策略。

流年運勢亮點顏色與方位：綠色、藍色、黃色。東方、東南方、東北方。
流年運勢幸運點顏色與方位：白色、金黃色、紅色、紫色。西南方、正西方、
**　　　　　　　　　　　　　西北方、正南方。**
流年貴人生肖：馬、虎、雞、猴。

屬豬各年次流年運勢

1995年的豬（民國84年，乙亥年，30歲）

　　人脈就是錢脈，雖然有此一說，不過有效的人脈，才會是真正的錢脈。這是個人脈能量極其活絡的一年，這一年不但有機會廣結善緣積累貴人籌碼，同時也有機會營造「借力使力」的成功大能量。

　　事業運的佳策良方在於合作。財富的積累則在於策略性的學習。事業運勢運作在於團隊與系統的組建，營造只問系統不問人事的事業環境。情緣運勢不如預期，建議把精神與焦點擺放在事業上。

1983年的豬（民國72年，癸亥年，42歲）

　　開疆闢地的機會出現了值得掌握。企業豬族們對於應對環境變化的事業轉型，有必要給予方向和策略，重點在於勢在必行，因為「不選擇改變，將會被選擇改變」。一般豬族們，則宜認真面對生命因為大環境而必須蛻變的事實，學習是最為理想的啟動策略。

　　走出習慣的領域，擴大生命磁場領域固然重要，不過屬於自己的疆域也不宜荒廢，組建團隊和組建家庭同樣重要。這是個大利成家立業的流年，因此也大利購置房產。

1971年的豬（民國60年，辛亥年，54歲）

　　生活優游自在固然讓人羨慕，不過如果是在通往富足的道路上的

優游自在，應該會更加讓人羨慕。

　　整體而言，這是個財利運勢頗為理想的一年，因此不論是商務買賣或是業務行銷都值得努力，從學習到布局缺一不可。事業方面恐怕就需要放慢腳步了，那就是「積極不著急」，只要將資源與時間聚焦在轉變營運型態上，豬族們極容易擁有一個具有嶄新生命的事業，或者是再出發。男士們必須謹慎面對情緣事務，爛桃花一旦惹上了是很可怕的。

1959年的豬（民國48年，己亥年，66歲）

　　歲德合吉星照拂，豬族們的幸運與幸福是可以想像與期待的。貴人星氣勢十分明顯，再加上事業官貴氣息旺盛，此種流年最大的忌諱就是輕言退休或退隱。事業第二春，指的雖然是新創事業，不過對於轉變營運型態的企業家而言，這是個十分容易如願以償獲得成功眷顧的一年。

　　女士們的情緣運勢頗佳，正緣星氣勢旺，運勢也十分理想，唯一需要關心的是他的健康。財官相生的今年，代表的是名利雙收，因此品牌的經營成為了事業翻轉的必須。健康星氣勢不佳，宜留意保健養生事務。

1947年的豬（民國36年，丁亥年，78歲）

　　家庭運勢頗佳的今年，家庭氣氛與環境的經營十分重要。這是個宜靜下心享受生活的流年，學習放下成為了刻不容緩的課題。

　　雖然如此，就太歲星的「官樣相生」氣息依舊濃厚看來，豬族們想要將事業心放下來恐怕不容易。因此如何培育下一代，將會成為流年中最有成就的事務。

　　太歲星同時還帶來了健康方面的祝福，調養作息讓健康成為給自己整體運勢之中，最容易營造與獲得的部份。

屬豬流月運勢

宜謹慎面對的月份：四月、五月、七月、九月、十月、十一月

1 月運勢（2/4～3/5）

　　一年之計在於春。新春的喜悅，再加上文昌星的活躍，以及本命六合吉星照拂，對於豬族們而言，這是一年中最為吉利的月份。好的開始就是成功的全部，設妥目標與計畫，這一年想不旺都難。女士婚姻大利，男士們則需要提防放錯了電。

2 月運勢（3/5～4/5）

　　三合之月，諸事皆宜。將星和智慧星併臨主事，不但事業運勢亨通，同時有機會開創新局，有想法就該給予一個做法。財富星高掛，這是流年中最為缺乏的元素，值得布局一整年好財運，而購屋置產是絕佳策略。成家立業的好時段，值得珍惜。

3 月運勢（4/5～5/5）

　　太歲之月，大好大壞。紅鸞星動大利情緣運勢的提升，本月大利嫁娶。小耗星與死符星併臨，份外事務的付出需要量力而為。正緣星明顯，女士們的姻緣頗佳，人對了就該珍惜。無心插柳柳成蔭，職場事務值得勇於承接與嘗試。

4 月運勢（5/5～6/6）

六沖之月，諸事不宜。本月不利嫁娶。驛馬星逢沖，凡事一動不如一靜，留意交通安全。五鬼星與大耗星併臨，事務的執行宜步步為營，可免功虧一簣，抱持學習的思維只為了持盈保泰。事業上的異動，萬萬不可。女士們的情緣事務，不處理是最好的處理。

5 月運勢（6/6～7/7）

龍德吉星與紫微星併臨，按理說這是個吉利的月份。不過擇日學還是提醒，本月不利嫁娶。職場事業中的轉換跑道之舉，還是稍安勿躁為宜。偏緣星明顯，女士們宜謹慎面對情緣事務。男士們的正緣星氣勢頗盛，家庭運勢亦佳，值得為幸福美滿努力。

6 月運勢（7/7～8/7）

三合吉星照拂，再加上幸福星氣勢明顯，本月諸事皆宜，利於成家立業。不過值得提醒的是，由於歲煞星職事，面對大環境事務以退為進是佳策良方。月犯「白虎星」，捲起袖子捐出鮮血可望化煞為權。才華星受到太歲貴人眷顧，機會來了就該勇於承接。

7 月運勢（8/7～9/7）

雖然是傳統的鬼月，不過由於歲合星主事，又有天德星與福星照拂，對於豬族們而言，這是個吉利的月份。人脈關係磁場尤其理想，本月大利積極廣結善緣，可望積累下半年事業貴人籌碼。不過由於六害星虎視眈眈，重要事務還是再三確認為宜。

8 月運勢（9/7～10/8）

　　圓滿的月份，豬族們所接收到的也是一種幸福的磁場，只因爲這是幸福星主事之月。佳節的祝福是必要的，因爲有機會提升貴人磁場。劫財星在暗中虎視眈眈，因此宜謹慎理財，而化解劫財星的佳策良方，則是購屋置產或是投資儲蓄型標的。男士姻緣星頗佳，本月大利成家立業。

9 月運勢（10/8～11/7）

　　歲破之月，理論上諸事不宜，不過由於屬於「土土對沖」的緣故，機會來了還是應該積極掌握。本命文昌星明顯，再加上財富星氣勢也佳，這是個大利開啟新事業與轉投資的月份。對於事業職場而言，本月大利轉換跑道，機會來了就別猶豫。

10 月運勢（11/7～12/7）

　　本命之月，大好大壞。本月不利嫁娶。智慧星與財源吉星都陷入劫財星的負能範疇，不僅僅是投資求財宜謹慎，即便機會出現了也同樣需要謹慎檢視。事業職場上最大的忌諱在於重複浪費時間。劫財星氣勢超強，投資求財宜以短線獲利為先。

11 月運勢（12/7～1/5）

　　太陽高掛，桃花星也持續綻放，再加上太歲將星發威，這將會是個值得為事業拚搏的月份，因為辛苦有成。不過對於投資求財而言，可就要謹慎小心了，因為劫財星暗中虎視眈眈。男士們同時也宜謹慎

面對情緣事務，招惹爛桃花的代價不小喔！本月不利嫁娶。

12 月運勢（1/5～2/4）

　　歲末年終，出現了太歲貴人星的祝福，再加上正財星氣勢明顯。在財務的部份，有機會為自己賺取豐碩年終獎金。對於情緣而言，更有機會娶得老婆好過年。健康方面值得提醒，血液與泌尿系統的保養十分重要。太陰星值月，運勢上男優於女。

甲辰年

東方
古星座

突破性的震盪，
未來是創意無限的年代

變革的時代來臨了，機會重新分配的機遇也出現了。
這是個容易出現大地震的流年，財經的地震、政權的地震，
更多突破性的震盪。

　　這是個特殊的年代，百年不遇的疫情，以及840年才出現一次的土海同宮天象出現在去年，而目前還一直維持著，一直到2025年3月底才會結束，這是一種現實和理想妥協的象徵。

　　而即將出現在今年11月的重頭大戲（其實已經來來回回上演了好幾回），就是248年才會出現一次的冥王星正式過宮，從山羊座進入到寶瓶座。上一次的冥王寶瓶出現在革命的時代（1778-1798年），這期間出現了第一次工業革命、法國大革命、美國獨立革命，那是屬於重生、解放、躍進與改革的時代。因此出現在2024年的冥王寶瓶，自然也將會與破壞、重建、權力轉移、改革、解放、獨立、自由、重生和網際網路有關，而那些不公平與不公正，也都將獲得重視，並且改變與修正。

　　寶瓶座向來就與變革有關，更是科學的代表，因此2024年冥王寶瓶的革命最容易發生在高科技相關產業，而AI產業在未來的20年肯定會引領群雄，另外許多新的事務、觀點、議題、想法，以及新的社會秩序，也都將會陸續出現。換言之，接下來的20年將會是創意無限

的年代，而此種現象和三元風水學中，從2024年開始的20年（2024-2043年）九離運完全不謀而合。

有意思的是，財經震盪的現象也出現了，那是14年一週期的木天會相，上一次發生在2011年，那一年出現了很多大事件，日本311大地震就是其中之一，而台股在2011年大跌了1900點，見到6609低點。今年出現在金牛座的木星和天王星會相，發生於3月16日至5月26日之間，肯定會是一場大震盪，一場突破性的轉變呼之欲出。

隨著木星在5月26日進入雙子座，整體社會容易進入在疫情期間遭到疏離的人際關係的修復期。好景不常，木星將於10月9日進入逆行狀態，屆時整體財經的震盪更會加劇，由於一直延續到2025年2月，不可不防。

2024年星座運勢前三名

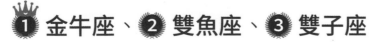

👑❶ 金牛座、❷ 雙魚座、❸ 雙子座

一種嶄新的感覺出現，
喜悅與歡愉不斷湧現

清新的空氣是舒服的，清新的流年是順暢的。白羊星座特質容易在這一年獲得突顯，那是一種喜悅，更是一種新奇，就像一個十分期待的新旅程準備出發。

流年運勢

　　生命成長的能量來自於好奇，而成功的元素則來自好奇心趨使下的學習與行動。對於白羊而言，2024是個新奇的一年，新鮮感將白羊本質充分提升，發揮特質並且邁向成功。一種嶄新的感覺出現了，白羊們會不自覺地用清新的心情面對生活，只因為流年天星提供了活潑的磁場，而許多的喜悅與歡愉在生活中不斷湧現，生活、朋友、學習、成長、旅行都容易一償宿願。

　　整體而言，2024對於白羊是個吉利而幸運的流年，重點是白羊們抱持赤子之心，釋放喜悅，收穫喜悅。然而，2024也會是個變動的一年，理論上會愈變愈好，不過還是需要依照白羊們提供流年素材而定。學習是為了讓生命更精彩，同時也是開啟愈變愈好意境的素材。即便如此，還是有幾個需要謹慎面對的時段與日子，重要吉事與抉擇避之為宜。第一個時段4月1日至4月25日，宜妥善管理情緒；第二個時段8月5日至8月28日，與健康和愛情有關；第三個時段11月25日至12月15日，凡事一動不如一靜，避免出遠門。需要謹慎的日辰有3月25日、4月8日、9月18日與10月2日。

事業運勢

　　我打敗你，和你無關，很霸氣的一句話，流傳許久。而另外一句話，就是「我成功了，和機會無關」，則是白羊們在2024年事業運勢的寫照。仔細觀察發覺流年關鍵星盤中，白羊們的工作宮位和事業宮位空無一物，真正的事業能量來自於白羊座自身，也就是自己創造機會，自己製作幸運，就從參

加學習與積極廣結善緣開始，這是蛻變的一年。

財利運勢

　　太歲星照拂，白羊們的財利運勢是順遂的，代表的是經過辛苦之後的錢財容易獲得積累。換言之，2024年對於白羊而言，是個有財有庫的流年。商務買賣與業務行銷都值得努力。投資運勢雖然也是理想的，不過必須謹慎觀察國際財經政策動向，而震盪愈大，財利愈豐碩，投資標的容易出現在傳產概念上。

情緣運勢

　　白羊的愛情是直覺的，這種直覺將會在2024年發揮微妙的效應。美麗的邂逅容易心想事成，而除舊布新的機會容易如願出現，就從勤於參加朋友聚會和學習課程開始。已有伴侶的白羊更是幸福的，美麗的愛情和婚姻堅持如一固然重要，更重要的是一起學習、成長和蛻變。人緣磁場頗佳，即便不經營情緣，同樣也有機會經營人緣。因此這將會是個大利廣結善緣，積累貴人籌碼的一年。

健康運勢

　　喜悅的流年，活力十足的一年，自然會是充滿生命感，健康喜歡此種陽光普照的感覺，因此白羊們今年的健康運是理想的。不過也因為活力十足，從室內到戶外一起爬山、郊遊、尋幽訪古，對於體力而言，恐怕就需要得到適當補充與調養。降低應酬的機率，雖然人脈很重要，但魚與熊掌不可兼得。還是需要提防8月的健康變數，安排健康檢查一紅化九災。

幸運顏色：咖啡色、葡萄紫與芥末綠
幸運物：石榴石、虎眼石、紫羅蘭
幸運數字：1、8、9、4 及其組合
吉利方位：正南方、東北方及西南方

白羊座流月運勢

運勢較為理想的月份：1、3、4、5、11與12月。

01月 運勢★★：沉澱思緒為的是迎接清新活潑的新年，給自己獨處的時間和空間，並且學會和自己對話。財運佳，工作辛苦有成，職場貴人十分明顯。

02月 運勢★：自己人的溝通十分重要，首先宜放下理所當然的思維，在職場上即便是真誠的建議也需要想了再說。財利運勢依舊理想，商務買賣和投資求財值得加油和加碼。

03月 運勢 ★：謹慎理財，尤其要避開情緒消費的機會。人多的地方不要去，人多嘴雜，同時也會傷害荷包。幸運的是，貴人磁場明顯，並且出現了心想事成的能量。

04月 運勢 ★：水逆期間謹言慎行，更應避開就事論事的行事風格。財利運頗佳，傳產和高科技是理想標的。人緣磁場十分理想，積極廣結善緣，積累貴人籌碼。購屋置產，值得進場。

05月 運勢 ★★：火星白羊，展開序幕，大利主動出擊向上鏈結，提升人脈磁場。財利運勢頗佳，商務買賣與業務行銷值得加把勁。購屋置產運亦佳，吉屋可望覓得，價錢也會十分美麗。

06月 運勢★：以靜制動，說的不是運勢差，而是不要熱過了頭，即

便行善助人也是如此。財利運勢依舊理想，生活焦點擺在投資和商務，既賺到了錢，也避開了紛擾。

07月 運勢★：病從口入，禍從口出。謹言慎行，即便是真心話也需要想了再說，愈親近的人愈是如此。幸運的是，貴人能量十分明顯，重點宜抱持學習的思維。

08月 運勢★★：事緩則圓，人緩則安。生活中逆耳的聲音，就當成貴人的歷練與提醒，過了就成長了。愛與不愛不會是情愛的選項，是否有緣才是重點。投資求財宜避開市場耳語。

09月 運勢★★：生活中「人」最難搞定的部份，收斂激情是本月的首要課題。不因人而動，不隨人起舞，合作事務只問系統和規則，放下人的因素。健康磁場亦不佳，多喝水，多休息。

10月 運勢★★：健康是最大的財富，出門還是有必要將口罩戴好戴滿，影響健康的壓力也需要獲得紓解。合作事務的洽商慢慢來，先將遊戲規則定妥再說不遲。家庭重要事務稍安勿躁為宜。

11月 運勢★★：乍看不理想的天星結構，卻出現了轉危為安的能量，危機就是轉機，白羊們要轉運了。投資求財，逢低承接有利可圖。家庭運頗佳，布局風水，購置房產，宜順勢而為。

12月 運勢 ★：不宜出遠門，公務之旅勢在必行，宜做好萬分準備。平日外出宜留意交通安全，酒後不開車，疲勞更不應該駕駛。投資求財，多看少做，宜多關注國際財經與政策動向。

金牛座（04月20日～05月20日）

太歲星照拂，
旺運祕訣在於廣結善緣

得天獨厚，是太歲星賜予的禮物。這是個值得大膽許願，大膽築夢的流年。願有多大，世界就有多寬。貴人能量超明顯，積極廣結善緣，提升了人脈能量，也活絡了錢脈磁場。

流年運勢

太歲星照拂，金牛座名列幸運星座榜首，重點是在關鍵流年星盤中，木星金牛會相天王星並且接收到處於會相狀態的土星和守護星的合相磁場，幸運星座榜首當之無愧。從天星角度來說，這是除舊布新訊息強烈的一年；對於生命而言，則是徹底翻轉的大革命。再從木星將於5月20日離開金牛進入金錢宮看來，緊接而來的好運將會轉移到財利運勢上，一直到10月9日太歲星進入逆行，金牛們的好運勢才會出現暫時歇息的訊息。

蝴蝶的美和自在翱翔是經過了蛻變，而金牛的閃耀則是來自天星中千載難逢的大轉變能量。冥王星將於11月20日正式進入事業宮，屆時金牛們在事業上的美麗幻化絕對比脫殼的金蟬還亮麗。然而，想要讓此亮麗持續的祕訣，在於人脈的良好經營。於是乎對於金牛而言，2024年的另一個旺運祕訣在於廣結善緣。既然是蛻變，那麼人脈的經營與環境的轉換都是必要的。走出習慣領域接觸陌生新環境，唯有如此才有機會經營出天壤之別的蛻變，而營造的是未來20年的貴人籌碼。然而溫馨提醒的是，由於下半年運勢與上半年截然不同，因此美麗的蛻變刻不容緩，愈早愈好。

事業運勢

你是在工作，還是在做事業？冥王星在事業宮徘徊，5月2日開始逆行，9月2日逆行離開事業宮，再度回到坐立難安的驛馬位，10月11日才會恢復順行，直到11月20日冥王星才會再度進入事業宮。這些天星現象要告訴金牛

的是，這是個很辛苦的流年，不適合轉換跑道，但企業金牛的轉型卻必須落實，而一般金牛則宜鍛鍊自己，用企業家的精神「穩住現在，創造未來」。

財利運勢

乍看不怎樣的流年，實際卻隱藏著一股強大的財富能量，這是個偏財充滿的流年。偏財星與守護星惺惺相惜在關鍵星盤中守護金牛座，再加上土星與天王星的陪伴，要告訴金牛的是，這一年的財富有機會在傳統和創新中獲得營造與積累。努力吧！準備成為富翁的金牛。投資求財同樣宜以傳統加創新的標的為佳，例如汽車電子零組件、運輸、紡織、食品等概念股。

情緣運勢

緣分到了，自然就有機會水到渠成。隨緣的金牛，在2024年就會更隨緣了，只因為愛情守護星在流年關鍵星盤中呈現悠閒狀態。換個角度來說，金牛們只要釋放愛，情緣就無礙。不過值得一提的是，由於出現了前世今生有關的訊息，金牛們宜掌握住那種似曾相識的感覺。對於已經成熟的情緣，該收成的就別猶豫，因為這是個大利成家立業的流年。已有伴侶的金牛，則多愛另一半，因為他（她）們是事業貴人。

健康運勢

養生很重要，不過不容易堅持。進入2024年這個問題將迎刃而解，只因為健康星受到規律星的輔佐，再加上太歲星呵護，健康值得運作與期待。想減肥的，還是死了這條心，因為徒勞無功，不過只要飲食作息正常，健康豐盈容易取代肥胖。幸運的是，身體微恙的金牛，在今年有機會獲得正向的調養，先從放寬心，喜悅迎接每一天開始。

幸運顏色：葡萄紫、芥末綠與香蕉黃
幸運物 ：紫水晶、黃金虎眼石
幸運數字：4、9、3、8 及其組合
吉利方位：正南方、正東方及東南方

金牛座 太歲星照拂，旺運祕訣在於廣結善緣 219

金牛座流月運勢

運勢較為理想的月份：1、4、5、6、7、11與12月。

01月 運勢★★：一只翱翔的風箏飛向金牛們的幸福宮位，這是個幸福的月份，愛情和姻緣有機會收成。偏財運亦佳，投資求財宜乘勝追擊。工作運頗佳，方向對了，卯足勁就對了。正財運理想，有意購屋置產金牛，值得展開行動。

02月 運勢★：不宜出遠門，再加上謹言慎行，還有健康飲食的維護，這是個有必要處處小心的月份，只因為三星會沖天象引動了負能，凡事以靜制動。貴人在遠方，值得廣結善緣。

03月 運勢 ★：職場事業相關的重要抉擇，稍安勿躁為宜。尤其是和合作有關的事務，緩一緩為宜。溝通是門大學問，尤其面對的是自己人，貴人在外面，代表轉念即菩提。

04月 運勢 ★：水逆出現在金牛的心智宮位，代表的是，這段期間最大的忌諱將會是預設立場與先入為主。不過幸運的是，守護星磁場頗佳，貴人十分明顯，宜積極參加社群聚會，容易積累貴人籌碼。

05月 運勢 ★★：罕見的天星現象，那就是九大行星聚集在流月星盤中的貴人部位，代表這是個大利走出家門積極廣結善緣的月份。而四星匯聚在金牛座，金牛之月，生日快樂，成為別人的貴人更快樂。

06月 運勢★：年中時段，到了該檢視上半年成效的時候了。從除了冥王星，其餘所有行星都聚集在金牛座附近看來，自我檢視、反省，容易營造下半年重新出發的能量與方向。

07月 運勢 ★★：雖然說機會是自己創造的，不過當貴人磁場十分明顯的時候，仔細留意貴人提供的訊息，將會有許多的機會隱藏在裡面，因此本月除了積極廣結善緣，同時還要學會聆聽。

08月 運勢★★：一動不如一靜，凡事多觀察後再行動，而事業上的異動將會是本月最大的忌諱。謹慎理財，到底是危機，還是轉機，答案唯有等待才會出現。家庭重要事務，稍安勿躁為宜。

09月 運勢 ★★★：謹慎理財的建議繼續出現在本月，投資求財見好便收。家庭重要事務，也還是稍安勿躁為宜。愛情事務也別急於一時尋找答案。健康磁場不理想，宜留意養生事宜。

10月 運勢 ★：謹慎理財的建議依舊，這其中尤以投資求財為甚，靜觀其變以時間換取空間。不過幸運的是，由於人脈磁場十分正向而活絡，符合低潮期積累貴人的原則。

11月 運勢★：一只高飛風箏由冥王星帶領，正準備飛向金牛們的事業宮位，做好準備迎接好運連連的事業運啟動期。有意轉換跑道，值得開始行動。不過對於自己人的溝通，還是需要更多的耐心。

12月 運勢 ★：面對陽光，就見不到陰影。事業風箏繼續高飛，雖然大環境磁場並不理想，不過金牛們只要聚焦在事業事務，就容易成為幸運星座。人多的地方不要去，避免攪亂了自己的正向磁場。

雙子座（05月20日～06月21日）

太歲星照拂，
做好計畫心想事成

太歲星照拂是幸運的。有人說，如沐春風，也有人說，好運連連，更有人說，如紅鸞星動。12年一次，雙子們做好準備了嗎？轉大運的時間到了，就在下半年。

流年運勢

台上一分鐘，台下十年功。5月26日太歲星將會進入雙子座，12年一次的當家作主，終於輪到了雙子。擁有太歲星直接照拂的流年是超級幸福的，尤其太歲星（木星）又是雙子們的姻緣與事業的守護星，因此今年不但婚姻有成，事業也有機會獲得（合作）發展的機會，而這些現象將會出現在5月26日之後。如果雙子們有意將太歲能量放大，則在上半年就要做好起飛的準備。上半年，木星位於雙子們的心智宮位，同時也是「福德宮」，亦即「暗貴人」的位置。由於木星與天王星在此會相，再加上流年關鍵星盤中，木星接收到來自處於會相狀態的土星與金星的合相能量祝福，因此除了代表貴人明顯之外，同時也象徵事業上容易順風順水平穩發展，辛苦之後也容易讓偏財星的能量獲得發酵的機會。換個角度來說，此種現象也象徵「心想事成」，尤其對於有意改變生活型態，或是事業上想要進行轉型或延伸性發展的雙子，將有機會如意順遂，唯前提是必須先做好計畫，再按部就班依照計畫執行。

整體而言，雙子們的上半年是精彩的，只不過此種精彩為的是為下半年的好運勢做好準備。不過還需要提醒的是，進入下半年，雙子們對於10月9日之後的運勢運作，要做好未雨綢繆的功課，只因為太歲星會進入逆行狀態，並且一直延續到2025年2月4日。

事業運勢

事業貴人十分明顯，再加上一股平穩的訊息出現在事業宮，這是個值得

為事業卯足勁打拼的流年。三星連結是今年的首部曲，緊接而來的是四星連結，千載難逢的天星結構大利事業的翻轉躍升。企業雙子勇敢進行企業體質改造，一般雙子則有利轉換跑道。不過還是需要提醒的是，此種吉象以上半年為甚，3月和4月為最，5月26日之後就容易出現變數了。

財利運勢

雖然雙子們的正財位和偏財位在流年關鍵星盤中處於空宮狀態，也就是沒有任何行星和磁場作用發生。不過由於偏財星和投資星在事業宮會相，再加上得到了太歲星的祝福，代表雙子們在事業和商場上的努力容易得到預期中財富的回饋。投資星的磁場是吉利的，不過這一年的買賣運作很難在技術運作上獲利，反而需要觀察國際財經與外資法人的動向再順勢而為。投資標的宜以大型權值股、電動車、AI、矽智財與軍工航太概念。

情緣運勢

木星祝福等於紅鸞星動，此種現象容易出現在5月26日之後。嚴格說起來，這是12年一回，姻緣星進入本命位置的一年，代表的是容易成就姻緣，同時也代表另一半是雙子們的大貴人，尤其是事業大貴人。最有趣的現象是，姻緣星與愛情星在流年關鍵星盤中以合相的方式共鳴，對於單身適婚的雙子而言，2024將會是個典型的脫單年。

健康運勢

魚與熊掌無法兼得。事業運活絡，健康運就需要多用心，從流年關鍵星盤中獲得觀察，發覺雙子們的2024雖然忙得很有成就，但健康燈號就不理想了，因為這將會是個最需要提防過勞的一年。除此之外，無形殺手壓力務必獲得舒緩，三不五時安排旅遊、踏青或觀賞影劇。對於雙子而言，2024是個最為理想的健檢年，除了調整體質，同時也營造「一紅化九災」的氛圍。

幸運顏色：綠色、紅色與白色
幸運物 ：紫水晶、虎眼石與白瑪瑙
幸運數字：6、9、4、3 及其組合
吉利方位：東南方、正南方與西北方

雙子座流月運勢

運勢較為理想的月份：1、2、5、6與7月。

01月 運勢 ★★：翱翔的風箏開啟雙子們的新年新氣息。這是個大利為新的一年事業進行偉大計畫的月份，向幸運之神許願，告訴自己與宣誓，同時也告訴周遭的人和夥伴。先設靶再射箭，設妥目標，再確實行動。

02月 運勢 ★★：謹慎理財，商務買賣與投資求財都需要謹慎判斷，寧可錯過，也不宜買錯。放下是件不容易的事，但面對情緣事務還是先放下的好。幸運的是，事業運頗佳，按部就班，按圖施工，保證成功。

03月 運勢 ★：一動不如一靜。機會出現了，的確需要掌握，不過最好謹慎再三檢視，確認承接到的是機會，還是炸彈。事業宮三星匯聚，不妨將生活焦點擺在事業上，面對陽光就見不到陰影。本月不宜遠行，重要抉擇緩一緩再說。

04月運勢 ★★：水逆開始了，一整個月的時間都需要謹慎行事，而此種現象又尤以人際關係場域為甚，因此人多的地方不要去。幸運的是，貴人依舊在暗中扶持，而引動的能量就在正向思考模式中。四星匯聚在事業宮，聚焦事業就會忽略小人的干擾。

05月運勢 ★：總共有8大行星匯聚在雙子們的「第四象限」位置。本月給自己一個獨處的空間與時間，讓自己有沉澱的機會，為的是營造自我超越的能量，以便迎接26日之後，木星進入雙子座起大運的脫胎換骨。

06月運勢★★：雙子之年和雙子之月，同時展開序幕，12年一回。

好的開始就是成功的一半，用過新年的心情與思維迎接雙子年和雙子月。年中了，順勢檢視半年來的目標達成率，大利調整腳步再出發。不過人際關係運作，還是需要謹慎以對。

07月運勢★：紅鸞星動，人緣磁場上升，本月大利積極廣結善緣，有機會積累貴人籌碼。事業磁場頗佳，不過重要事務還是需要依照計畫行事。謹慎理財，重點在於避開情緒性與群體性的消費機會。家庭重要事務稍安勿躁為宜，搬家入宅就是。

08月運勢★：你的心，就是你的風水。心開，運才會開。雖然本月機會磁場頗為活絡，不過心情磁場也容易出現起伏。尤其是和家庭有關的重要事務，事緩則圓，人緩則安。購屋置產的事務，更是如此。

09月運勢 ★★：以靜制動，一動不如一靜，以觀察代替行動，這些都是給雙子們本月的趨吉避凶建議。事業職場上的重要抉擇，也最好避開本月。人際關係互動，多聽、多看，少說為宜。愛情事務，也是如此。

10月運勢 ★★：情緒管理的建議，依舊適用。本月先處理心情，再處理事情。有道是「先安內，再攘外」，雖然職場和家庭之間出現了不協調的現象，不過還是聚焦在家庭生活為先，居家風水調整好，事業也容易順風順水。

11月運勢★★★：木星已然進入逆行狀態，雙子們還是需要謹慎面對重要事務。合作的事務，稍安勿躁為宜。本月不宜嫁娶。需要謹慎面對的還有投資求財事宜。健康磁場也不理想，養生事宜不可忽視，尤其是25日之後的水逆期間。

12月運勢★★：年底了，也到了該進行整體檢視的時候了。本月整體磁場並不理想，不過與其堅持在不順遂和不理想的地方，不如將這一年中值得稱讚的部份放大。然而，事業職場上的重要事務與抉擇，還是稍安勿躁為宜。

巨蟹座（06月21日～07月22日）

學習借力使力，
綻放貴人能量

開運了！要行大運了！恭喜巨蟹們。如果霸氣翻轉行大運的是財運，巨蟹們會有什麼樣的期待？而事業運也有機會蛻變躍升，巨蟹們想要到幾樓？

流年運勢

初一十五不一樣！說的是巨蟹座守護星的特質。面對生活，也許有些巨蟹們也會出現如此的感嘆。不過，進入2024年之後，整體運勢情況將會發生核彈性的變化，這個時候的「不一樣」，就非同小可了。而核彈的引爆點在於學會了「借力使力」。

冥王星已然經過了一整年的來來回回，就在夥伴宮位與資源宮位之間徘徊，巨蟹們容易出現如何和強勢對象合作並得到協助的期望，同時也開始學會掌握借力使力的機會。冥王星於2023年3月24日開始至2024年11月20日之間，不斷在「資源宮」和「夥伴宮」之間來來回回，最後將於今年11月20日正式進入「資源宮」，這一待就是20年。換言之，在未來的20年裡巨蟹們將會擁有「用之不盡，取之不竭」的資源，就從學會如何借力使力開始。

太歲星於「社群宮」上綻放貴人能量，如何廣結善緣成為了2024年的開運課題，再加上天王星的捏注，巨蟹們獲得翻轉的還有人脈。擁有如此強大如核彈威力的流年，巨蟹們可以開始布可以旺20年的局。不過人脈策略最好在5月26日之前完成布局，並且提防5月2日至10月11日之間的資源變數。

事業運勢

主動成為別人的貴人，就容易貴人環繞。是的！「貴人圍繞」已然是巨蟹座2024年事業運的寫照，而這些貴人就在巨蟹們的身邊。當發覺工作運也是如此的時候，巨蟹們應該會明白這是個典型的「借力使力」的貴人年。企

業巨蟹轉型可望成功，事業更上層樓，一般巨蟹只要稍加努力就是機會躍龍門。

財利運勢

陽光普照的金錢宮，陰陽調和的財利運。巨蟹們的2024年將會是富有的，有錢的更有錢，準備有錢的則心想事成。不過這樣的財富運是有條件的，那就是要避開險財，以真本事創造機會，再將機會轉變為財富，此種現象將以企業巨蟹為甚。一般巨蟹的投資運也同樣有利可圖，只不過投資標的宜以儲蓄型為主，以及ETF、傳產、電池……等。

情緣運勢

愛情是極端的幸福。許多時候愛情就是零和遊戲，不是失去，就是擁有。對於巨蟹座的2024年愛情運而言，雖然沒有這麼絕對，但還是出現了愈追愈遠的現象。聽說過嗎？「不要去追一匹馬，用追馬的時間種草，待到春暖花開時， 就會有一批駿馬任你挑選」，巨蟹們把自己經營好，把事業經營好，2025年紅鸞星動就是成就姻緣期。

健康運勢

健康運雖然和工作運一樣容易順遂如意，不過還是需要提防過度勞累對於健康帶來的「不可逆」傷害。工作順了，當然會投入更多的精力，不過如何將此種「順境」以細水長流的方式經營，成為了巨蟹們的流年健康課題。有沒有想過？賺到了全世界，而賠上了健康，再怎麼算都划不來。

幸運顏色：白色、棕色、墨綠
幸運物 ：白水晶、琥珀與墨翠
幸運數字：6、2、4、5 及其組合
吉利方位：東南方、西南方、西北方

# 巨蟹座流月運勢

運勢較為理想的月份：1、3、4、5、6、7、10與12月。

01月 運勢 ★★： 想飛，才會高飛！新的一年，啟動的是一只高飛的紙鳶，領航行星在蛻變躍升的宮位，值得巨蟹們為新的一年進行偉大的計畫。願有多大，景與境就有多宏偉。

02月 運勢 ★： 這個世界不會因為「人」的因素，而出現絕對性的變化。換個角度與方式面對「人」的互動，合作案件緩一緩，姻緣事務稍安勿躁。貴人在遠方，眼前的困境，善用Zoom Out，將眼光放遠可解。

03月 運勢 ★： 轉念即菩提。轉變焦點，生活意境截然不同，而運勢中的阻礙成為了養分。四星匯聚在學習宮位，聚焦學習就不怕資源出現變動。謹慎投資，只因偏財宮磁場不佳。

04月 運勢 ★★： 事業運勢陽光普照的月份，九大行星都聚集在巨蟹們的天頂位置，想不旺都難。唯一要提醒的是謹慎說話，承諾的事多想想，即便水逆也無妨。留住貴人最好的策略，就是向貴人學習。

05月 運勢 ★★： 事業運勢依舊理想，人脈磁場更是活絡，本月大利積極廣結善緣。唯一要提醒的是，千萬別相信朋友通財之義的說法。正財運穩健，工作運亦佳，即便默默耕耘也容易獲得肯定。

06月 運勢 ★：貴人能量在太歲星的加持下驟然提升，這是一種心想事成的能量，大膽許願，大膽築夢，美夢成真。不過需要提醒的是事業的部份，商務買賣與投資宜再三評估。

07月 運勢 ★：巨蟹之月，展開序幕。事業上的重大抉擇，宜以多元思考的模式進行，嚴謹雖然必要，但容易掛一漏萬。幸運的是，太歲星充分釋放祝福，天王星以成功扮演舒緩的角色，變則通，通則順。

08月 運勢 ★：謹言慎行是本月必須的提醒，同時也需要落實以不變應萬變的思維和策略。水逆發生在交友宮，再蔓延到金錢宮，人云亦云成為了本月大忌諱，事務執行如此，投資求財更是如此。

09月 運勢 ★★：感覺雖然重要，不過在容易出現錯覺的本月，最好收斂起直覺，因為那就是會影響未來的先入為主。家庭與事業的重大抉擇，稍安勿躁為宜。本月不宜遠行。

10月 運勢 ★：不宜輕舉妄動的磁場雖然依舊，本月行事也需要以靜制動，不過當機會出現了還是適宜積極掌握。情緣運頗佳，單身適婚巨蟹宜多參加聚會，讓美麗的邂逅故事有機會發生。

11月 運勢 ★：面對陽光，就見不到陰影。生活中的雜訊雖多，不過巨蟹們可以調整頻道，讓正向聲音獲得突顯。不過還是需要提醒的是情緣的事務，許多時候不處理反而是最好的處理。

12月 運勢 ★：年終時段，不應該只有趕業績這件事，還有年度目標的檢視。先別急著放眼未來，眼前的整體價值需要釐清，才有機會乘著天星風箏飛越下一個高峰。

獅子座（07 月 22 日～ 08 月 22 日）

管理好負能，
正能量以倍數的方式突顯

聽說過「矛盾的命運」嗎？獅子們整體運勢十分理想，事業財富也如意順遂。不過，有一股隱藏的負能，需要獅子們多觀照自己的心。

流年運勢

我將再起！天助自助，老天爺幫助願意幫助自己的人，同時也願意幫助知道妥善管理情緒，不讓外界的負能影響自己好運勢的人。

太歲星的照拂，獅子們的事業運是順遂的，天王星也提供了轉型與蛻變的能量，獅子們2024年的好運勢將從事業領域出發。驛馬星進入驛馬宮，提供了讓自己更好的機會，驛馬宮除了代表異動之外，還包括了讓自己往上翻轉的學習，而此種現象就在生活中的小細節和小人物身上發覺，換言之貴人就在身邊。然而可惜的是，由於本命宮位出現了強大的衝擊，這是一種矛盾式的衝擊，內在的自己和外在的自己出現不協調的現象。外在的世界出現了變化，由於考驗不斷讓獅子們不得不武裝自己起來，對於熱情而溫和的獅子而言，這是一種矛盾，因此這個流年獅子們需要做的功課，不會是如何賺更多錢，因為財運頗佳，也不會是事業出現爆發性的成長，而是管理好內在的自己，接納自己的負能量，放下對他人的期待，這其中尤以生活伴侶和事業夥伴為重。

我將再起！管理好負能，正能量就機會以倍數的方式突顯，不論2023過得如何，2024年的獅子將再領風潮。

事業運勢

猶如神助，此種意境只會在虛幻的戲劇上出現。不過對於獅子們2024年的事業運而言，卻出現了此種類似的現象。木星與天王星會相在獅子座的事業宮，又接收到來自土星與金星的合相祝福，意味的是，事業改革有成，轉

型有道，商務有利可圖，合作借力使力少費力。5月26日之後，此種順遂象將會解除，因此大拼事業宜盡早盡快。對於有意轉換跑道的獅子，掌握住機會往上攀爬。

財利運勢

偏財宮氣勢頗佳，對於商務買賣與投資求財為業的獅子們而言，這是個收穫豐碩的流年。即便是按部就班的工作運也順遂，因此對於一般獅子而言，這是個有機會獲得加薪的一年。由於投資運亦佳，投資求財可以用不貪不懼的方式營造活潑的機會財利。整體而言，財運會以上半年為旺，進入5月宜做好見好便收的準備。投資策略宜國際財經動向為依歸，而標的則宜以航運、交通、汽車、通訊等概念股為佳。

情緣運勢

心在哪裡，世界就在哪裡。雖然獅子們的運勢是理想的，不過也因為事業運與偏財運都順遂，因此容易出現一種現象，那就是「廢寢忘食」，就像聚焦事業而冷落了姻緣一樣。已有伴侶的獅子，恐怕需要多花一些時間呵護姻緣與家庭，否則容易顧此失彼，贏了事業，卻輸了家業。居家風水布局不可馬虎。

健康運勢

健康運頗佳，這是調養身心的好流年。對於健康欠佳的獅子，這一年有機會遇到貴人醫護專家。對於正在積極與體重和脂肪對抗的獅子，千萬要堅持下去，因為容易功敗垂成。對於經常需要接觸大眾的獅子，有必要戴上口罩，尤其是6月29日至11月15日之間。居家清潔十分重要，布局好風水拒絕病符星造訪。

幸運顏色：紅色、淡黃色與青色
幸運物　：祖母綠、石榴石與青金石
幸運數字：3、2、9、0及其組合
吉利方位：正南方、西南方、正東方

獅子座　管理好負能，正能量以倍數的方式突顯　　231

 # 獅子座流月運勢

運勢較為理想的月份：1、3、4、5、6、7、9與11月。

01月 運勢★★：計畫未來，設定目標，新年開始的功課，非做不可。只因為偏財運在啟動這一整年的運勢，並且是由步步為營的「計畫星」主導。風箏高飛，好運起飛。

02月 運勢★：管理好情緒，機會出現了，才會是真正的機會。放下過去影響情緒的記憶與經驗，否則會很累，也會影響健康。幸運的是，事業運勢依舊順遂，不妨聚焦事業，忽略生活小細節。

03月 運勢★：合作的事慢慢談，幸福的事緩一緩，許多事情不急於一時。幸運的是，偏財運頗佳，四星匯聚營造了有利可圖的能量，商務買賣與業務行銷都值得加把勁。

04月 運勢★★：動起來！至少6顆行星聚集在獅子們行動的宮位，坐而言不如起而行。財運佳，事業運順遂，合作的事依舊稍安勿躁。愛情運勢亦佳，大利構築幸福愛巢。

05月 運勢★★：學習是為了讓生命更精彩。8大行星匯聚在生命躍升的位置，掌握住機會學習，掌握住機會成長，好運勢從積極行動開始。唯值得提醒的是，合作的事、金錢的事，事緩則圓。

06月 運勢★：心急喝不了熱粥。貴人能量有了太歲星的照拂，開始活

絡了起來，這是大利向上鏈結廣結善緣的月份。機會出現了，積極掌握，不過承諾與抉擇仔細思考後再說不遲。

07月 運勢★：土逆影響了獅子們的偏財運。雖然計畫趕不上變化，不過堅定想變的心，依舊是圓夢的維他命。貴人在遠方，走出習慣領域結識不同思維的人，讓未來生命更美更多元。

08月 運勢★：謹慎理財，尤其是水逆期間。商場上的大型投資與抉擇，稍安勿躁為宜。憑著感覺行事不靠譜，務實才是王道。獅子之月，做好自己，不需要在乎外在的小聲音。

09月 運勢★：喜悅的氛圍是太歲星照拂的能量，心開運就開，這是幸運的月份。一隻風箏飛向偏財位，而資源來自於合作的宮位，事業上掌握借力使力的竅門，獅子們想不旺都難。

10月 運勢★：謹慎交友，妥善管理錢財。投資求財，避開市場耳語，就線論線為宜。商務買賣不盲從，市場隨時在變。降低應酬的機率，家才是最多愛的地方。本月大利購屋置產。

11月 運勢★★：看起來磁場紊亂的本月，其實是個隱藏著如鑽石般閃亮的時段。這個時候，宜走出家門迎接好磁場。貴人圍繞，事業轉型有成，合作的機會出現了就該積極掌握。

12月 運勢★：年終了，收斂與檢視的時間。天星磁場也出現了休兵的訊息，尤其是商場上的投資暫緩為宜。愛情運勢頗佳，單身適婚想婚的獅子留意身邊的出其不意。

雙女座（處女座）08 月 22 日～ 09 月 22 日

太歲星提供實現的能量，
有機會圓夢的一年

這是幸運的流年，也是有機會圓夢的一年。哪些夢呢？自在飛？出國旅遊、求學？繼續無法持續的外語學習？換工作、跑道？還是補滿進修的人生缺口？或是開創屬於自己的事業？

流年運勢

你的圓夢計畫中有哪些內容？「如果你有夢想，就要守護它。」經典的電影台詞，對於雙女們的2024年而言，不但要保護它，還要實現它，只因為太歲星提供了實現與轉變的能量。人生最圓滿的境界，就是和親密的人一起圓夢，而這也是太歲星提供的能量。

仔細想，雙女們在2024年到底有多幸運。除了水逆期間外（2024年水逆時間如下，第一次人馬水逆1月1日結束，與家庭事務有關。第二次水逆4月1日至4月25日白羊水逆，與偏財運有關。第三次水逆8月5日雙女水逆開始，8月15日逆行回到獅子座，8月28日獅子恢復順行，與個人情緒和整體運勢息息相關。第四次水逆11月25日至12月15日人馬水逆，則與家庭重要事務有關），其餘的時間是如意順遂的。

驛馬宮擁有太歲星與天王星的護持，有如多了翅膀的駿馬，飛天駿馬自由自在，運用得當則生命獲得躍升的機會，再加上姻緣與夥伴宮位的共振效應，比翼雙飛是貼切的形容。婚姻美滿，事業貴人相持，合作猶如神助。而最大的旺運重點，在於抱持學習的心與思維，向強者學習，向夥伴學習，向身邊的小人物學習。

事業運勢

工作運出現了尷尬的現象，雖然機會磁場十分活絡，然而卻苦無可以充分展現專業的案件。再加上壓力十分沉重，需要適當舒緩。幸運的是，貴人

磁場十分明顯，合作的能量更是清晰，借力使力少費力成為了理想的趨吉避凶。事業運則要寄望下半年太歲星的照拂，上半年先做好起飛的準備。

財利運勢

財富自由是很多人的夢想，包括雙女在內。2024年偏財宮雖然出現了充分自由的訊息，但由於整體磁場中主動收入能量強過於被動收入，因此雙女們還是努力做好開源節流為宜。太歲星對於正財星釋放正能量，代表增加收入的機會十分豐富，社群行銷就是其中之一。投資求財也有利可圖，宜以國際財經動向為依歸，宜選擇成長型與存股概念標的，如ETF、高股息……等。

情緣運勢

成家立業，到底是先成家，還是先立業？看起來兩者可以同時並進，不過由於情緣和姻緣運得到更多的祝福，因此這一年姻緣運勢如同紅鸞星動，因為有了太歲星的加持。丘比特的箭射向了雙女們，到了該收成的時候就不應該再猶豫。單身適婚雙女們宜多參加旅遊，讓姻緣的故事有機會啟動，如此看來雙女們今年極容易擁有異國情緣的機會。

健康運勢

健康運勢並不理想，最大原因將會是壓力，當感覺莫名鬱悶的時候，請雙女們多觀照一下自己。和家人、伴侶或夥伴分享壓力是最為直接的紓壓法，不過請記住是分享，不是訴苦喔！旅遊是絕佳化解之道，企業家宜安排公司旅遊，一般雙女們則與好友或情人同行，就是不宜單獨行動。

幸運顏色：白色、金色與黃色
幸運物 ：白水晶、黃金虎眼石和白瑪瑙
幸運數字：6、7、8、2 及其組合
吉利方位：西南方、正西方、西北方

雙女座流月運勢

運勢較為理想的月份：1、2、5、6、7、11與12月。

01月 運勢★★： 友直、友諒、友多聞，「益友」的訊息開啟了雙女們一整年的好運勢。本月大利廣結善緣，廣交益友。翱翔的風箏提供了理想的合作能量，值得珍惜。

02月 運勢★： 愛情雖然不會是生活的全部，不過卻會是影響生活的全部。這個月不妨將生活焦點擺放在專業的學習上，換個角度看世界，世界將會呈現比愛情更美的景象。合作的機會出現了，值得用學習的思維面對。謹慎理財，尤其在投資求財上，多看少動為宜。

03月 運勢★★： 健康磁場並不理想，沒事多休息、多喝水，外出記得戴上口罩。工作運也需要提醒，即便再迷人的機會出現了，再三檢視是必要之舉，務實則是規避風險的好策略。四星匯聚在夥伴宮位，傾聽夥伴的聲音，再來定奪是進，還是退。本月不宜遠行，交通安全也需要多留意。

04月 運勢★★： 家庭的重要事務，稍安勿躁為宜。上個月的用心養生，本月健康風險容易降低。貴人就在身邊的現象依舊明顯，傾聽也依舊是理想策略。工作上的異動，不宜輕率決定，為了避免每況愈下。水逆期間，商務買賣宜謹慎面對款項的收受。

05月 運勢★： 驛馬星發動，外出旅遊、求學，或是學習外語，都值得在本月展開行動。偏財運頗佳，商務買賣與業務行銷都值得努力，因為辛苦有成。事業好運勢準備啟動，值得雙女們預先布局。投資求財，宜關注國際財經政策與外資法人動向。

06月 運勢★： 事業好運勢啟動了，雖然還是容易出現不看好的聲音，不過只要雙女們自己的感覺是好的，是正確的就足夠了。偏財運並

不理想，投資求財與商務買賣需要耐住性子，不信邪是最大的忌諱。股市買賣，宜設妥區間並確實執行。

07月 運勢★★： 事業運頗佳，偏財運同步理想，商務買賣宜積極進行，因為有利可圖。一般雙女們則宜以不變應萬變，工作適需求的策略是按部就班與步步為營。合作的案件，稍安勿躁為宜。人脈磁場十分活絡，廣結善緣積累貴人的聚會宜積極參與。

08月 運勢★： 事緩則圓，人緩則安，合作的事務，慢慢來，不疾不徐別讓控球權給遺失了。事業運也是如此，雖然機會十分活絡，不過重要抉擇與轉變型態的事務，千萬不要急於一時。幸運的是，貴人磁場依舊明顯，這是一種屬於心想事成的範疇，因此情緒管理就重要多了。

09月 運勢★： 雙女之月，展開序幕。一年一次的當家作主，等來的是日土對沖，人際關係需要更多的耐心。事業職場更需要妥善管理情緒，子彈出現讓它多飛一下無妨。幸運的是，土象大三角提供了務實的舒緩力道，按部就班，步步為營，容易風平浪靜。

10月 運勢★★： 水象大三角開啟10月的序幕，代表的是人際關係磁場十分理想，這個月與其努力在事業上打拼，不如放下擔子和壓力廣結善緣交朋友。理論上這是個諸事不宜的月份，不過轉念即菩提。9日太歲星進入逆行，事業職場事務循序漸進為宜。

11月 運勢★： 一顆鑽石開啟了11月的星空能量，這是個十分有意思的時段，應該說是2024年最吉利的月份。對於雙女而言，人脈、行動、偏財、工作、家庭與自我意識等領域出現了逆勢反轉的能量，25日之前，前述事項皆可順勢而為。

12月 運勢★： 年初的風箏，到了年底還在飛行。12月由工作領域擔任領航星，這是一種辛苦有成的寫照，雙女們宜用專業的思維，獨排眾議的策略，讓工作績效可以展現。家庭與偏財運同步，代表有利購屋置產，容易買到發財好宅。

天秤座（09月22日～10月23日）

與世無爭做更多的事，
創造更多的財富

與人無爭、與事無爭、與世無爭，但爭取時間把該做的事做得更好，做得更多。這句話出自證嚴法師「靜思語」，卻是天秤們2024年的運勢寫照，十分微妙，值得仔細看下去。

流年運勢

　　人生求的就是安穩，安穩過生活，每天準時下班，無須勾心鬥角，與世無爭的境界是許多人的夢寐以求。雖然有人認為「安穩生活」其實是在承認自己沒有鬥志，甚至於有人說「所謂的安穩，其實是在否定自己的人生」，說的意境應該是指魯蛇，總在逃避。不過對於天秤們的2024年而言，卻未必如此。

　　2024流年關鍵星盤中，天秤座得到了太歲星的呵護，再加上土星與守護星的會相，出現在天秤們星盤中的「安穩」宮位，有一種微妙的意境，那就是「穩健的報酬，悠閒地生活」，很讚的意境吧！另外，由於偏財位與安步當車的宮位之間，出現了吉利的合相共振磁場。此種與世無爭的態勢，絕非毫無作為，一事無成的閃躲，而是「靜思語」所說的「與人無爭、與事無爭、與世無爭，但爭取時間把該做的事做得更好，做得更多」，仔細想與世無爭還可以做更多的事，創造更多的財富，這是多麼幸福的流年運勢。

　　不過還是需要提醒的是，隨著太歲星的過宮，5月26日之後「穩健的報酬」的格局將會出現變化，因此上半年的確可以坐享其成享受安穩發財的好運，進入5月之後就要趕緊做好「見好便收」的動作。

事業運勢

　　工作運十分理想，不但是辛苦有成，並且還具有延伸性的發展，那就是可以旺偏財。代表天秤們如果只沉浸在勞力和時間換取酬勞就要落伍了，而

是用傳統的模式進行商務買賣，最傳統的策略就是合作，借力使力。2024年的事業運就是合作運，搭對了順風船順心又如意，不過事業想往上攀升，仍需接受自我成長式的學習。

財利運勢

偏財運十分理想，雖然這股財利能量和工作運有關，不過卻也是一種安穩的細水長流財。因此投資求財策略愈傳統愈好，股市投資的財富則架構在區間運作上，設妥區間和計畫，確實遵守紀律就有機會多賺少賠。企業天秤務實為宜，一般天秤除了認真工作，還可賺取斜槓財利。投資市場震盪愈大愈理想，急漲調節，急跌承接。投資標的是高科技電子股、權值股、新型ETF概念股。

情緣運勢

情緣運勢應該是天秤們在2024年唯一需要給很多建議的部份，原因是運勢的變化十分極端。理所當然是生活中忌諱的態度，不過此種態度卻經常在情愛世界出現。因此，才會有很多人在呼籲「愛不是占有」，真正的愛是給予自由，是一種彼此之間的享受。但天秤們的流年運勢就出現了此種忌諱的影子，因此面對愛情還是謹慎的好。

健康運勢

健康寶寶。就流年天星結構觀察，天秤們的確是流年健康寶寶。健康宮位上的磁場是安定的，也是悠閒的，由此看來天秤們真的是2024年得天獨厚的星座。不過還是需要提醒的是，心臟與循環系統的養生馬虎不得，尤其是5月2日至10月11日之間，心臟方面的養護需要更強更完整。

幸運顏色：白色、黃色、銀色
幸運物 ：珍珠、琥珀、黃金虎眼石
幸運數字：2、0、6、7及其組合
吉利方位：西南方、正西方、西北方

天秤座流月運勢

運勢較為理想的月份：1、4、5、6、7、8、9、10、11與12月。

01月 運勢★★：安穩的磁場開啟一整年好運氣息，一只風箏朝向即便默默耕耘，也不會被忽視的方向飛去。雖然依舊出現需要謹言慎行的訊息，不過那是在提醒天秤們不宜輕易承諾。

02月 運勢★：家庭重要事務，稍安勿躁為宜。家人之間的溝通，也需要更多的緩和氣氛。先處理心情，再處理事情。幸運的是，工作運勢依舊理想，將生活焦點擺放在工作上，有了成就，就有好心情。

03月 運勢★：積極不著急，急事緩辦，慢就是快。愛情事務更是如此，只是這個時候「以退為進」的建議應該不容易被接受。由於正財與偏財運陷入此種焦躁的漩渦中，本月投資求財宜回歸現實面，逢高先賣再說。

04月 運勢★：貴人磁場雖然明顯，不過在水逆期間，自己人的互動還是慎重點的好。工作運依舊不錯，偏財運也理想，代表即便默默耕耘也容易營造預期中的收穫。商務買賣與業務行銷誠實誠懇才是王道。

05月 運勢 ★★：九大行星都在流月星盤的右側，對於天秤座而言，這將會是個忙碌的月份，只因為忙著做人。人際關係磁場頗佳，貴人就在自己的身邊，而合作生財的機會也出現了，先掌握再說。

06月 運勢★：太歲星轉移陣地了，行動的能量得到了鼓舞，掌握好能

量就從安排專業學習開始。偏財運頗佳，投資求財的運也出現共振現象，逢高換手正當時。愛情運並不理想，放下焦慮容易獲得平靜。

07月 運勢 ★★：一個聚寶盆出現在流月的星空，偏財運依然理想，企業經營業績容易在不被看好中獲得營造，關卡突破了成績出現了。投資求財也是如此，別人恐懼我貪婪。工作運與事業運同步理想，值得加把勁打拼。

08月 運勢 ★：心情決定人生行情，這是個需要妥善管理心情的月份，尤其是在水逆期間。機會出現了，先掌握再說，畢竟這些機會的執行有許多貴人在相助。不過需要提醒的是，工作和事業之間出現了矛盾能量，需要的是耐心與細心。

09月 運勢★：能量以極端的方式呈現的本月，除了需要趨吉避凶策略外，最重要的是需要智慧。一只風箏飛向辛苦有成，另一風險三角形則認為不宜冒險。此刻順勢而為是智者，不遠行與輕舉妄動則是聰明人。

10月 運勢★：事業方面，準備好的就該全力以赴，期望的收穫容易以穩健的方式呈現。不過出遠門還是多規劃為宜，尤其要避開情緒性的行動，事業異動也是如此。愛情運頗佳，投資運也理想。

11月 運勢★★：當時機成熟了就該卯足了勁衝刺。工作運、事業運、正財運與偏財運出現風箏式的共振，就該義無反顧地努力，因為豐碩可以預期。不過還是要提醒的是，留意車關問題，喝酒不開車，疲勞更不應駕駛。

12月 運勢★：年終了，檢視這一年的生活應該是精彩的。愛情、人脈、工作都是順遂的，繼續此種氣勢準備邁向新的一年。唯值得提醒的是健康的部份，除了避免過勞，外出還是戴上口罩為宜。

喜悅開啟超旺事業運，
勇敢冒險出奇制勝

像極了愛情！是的，天蠍們的2024是多采多姿的，生活的精彩來自於努力工作，更可以盡情玩與享樂。大膽踏出舒適圈，勇敢的去愛。天蠍的2024，像極了愛情。

流年運勢

世界就像一面鏡子。你生氣，它生氣；你笑，它笑；你快樂，它快樂；你頑皮，它也頑皮。天蠍們2024年的流年星盤就是一面已經被輸入喜悅和歡樂精彩內碼的鏡子，它不是一般的鏡子，它提供的是活潑的愉悅能量，它鼓勵天蠍冒險，它會讓天蠍即便平實過日子，也會感受到充滿愛的感覺。雖然努力工作是成功的必須，不過如果多了勇敢冒險，大膽思考，跳TONE的創意，有動機的幹勁，讓經驗與創新有機會並行，就有機會變得更強，並且出奇制勝。這樣的流年，是不是很值得期待？不過前提是，先要有不安於室的準備。

說到重點，首先這是個容易成功的一年，但必須要有打破傳統的思維，跳脫安全的窠臼規則。其次這是個容易接收到「貴助」能量的一年，「貴助」的能量有來自於太歲星，也有來自生活伴侶，更有來自事業夥伴。換言之，這一年有機會透過合作，創造借力使力的成就。上半年耕耘，下半年收穫。值得提醒的是，天蠍們2024的年度任務最好在10月9日之前全數完成，否則就要有延宕到2025年2月4日之後的心理準備。

事業運勢

樂在工作，關鍵在可以自由發揮，並且在工作中得到事業的成就、財富和喜悅。這是個幸運的一年，對於創意事業大大有利，企業家們也適合為自己的公司添一些讓外界更認識的創意，一般天蠍則宜自娛娛人，因為喜悅是

開啟超旺事業運的祕密元素。貴人氣勢明顯，合作的機會值得珍惜。

財利運勢

下半年的財運會比上半年好，代表上半年就該做好完善的布局，下半年之後才有機會財富旺旺來。5月26日之後正財星進入了偏財位，商務買賣、業務行銷與投資求財的天蠍們值得加倍努力，因為財富翻倍的機會出現了。股市投資運也理想，就線論線是好策略，財利標的有網通、運輸、塑膠、車用電子、海外ＥＴＦ……等。

情緣運勢

像極了愛情。整體天星節奏都在配合愛情宮位的脈動，這是個充滿愛的流年，愛自己、愛生活、愛工作、愛賺錢、愛遊玩，更愛想愛並且可以愛的人。單身適婚並且想婚的天蠍，千萬不要錯過了老天爺給的好時光，人對了就該積極行動。已有伴侶的天蠍，更需要多愛另一半，因為太歲星提供了好運的能量，另一半就是最強的貴人。

健康運勢

根據專家研究，讓身體更健康的方法有很多，其中以「學習放鬆」和「保持社交活動」最符合天蠍們2024的健康運現象。健康宮的自在能量透露出天蠍們的2024是不得閒的，交朋友、學習、閱讀、旅遊、郊外活動……等，都是流年關鍵星盤中的內容。不過，為自己安排完整的健康檢查，減少大腦的負擔和精神壓力，還是必須的提醒。

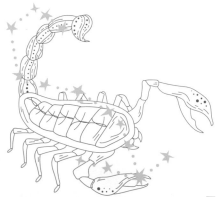

幸運顏色：金黃色、藍色、白色
幸運物 ：鈦晶、黑曜石與珍珠
幸運數字：6、7、1、2 及其組合
吉利方位：正西方、西北方、正北方

天蠍座流月運勢

運勢較為理想的月份：1、2、5、6、7、8、10與11月。

01月 運勢★★：土星引導一只風箏高飛，開啟了天蠍們精彩又不失規律的2024年序幕，也因為如此，金錢宮的負能獲得了化解。貴人的能量獲得了提升。廣結善緣成為了本月最為理想的開運策略。

02月 運勢★：貴人氣勢明顯的本月，大利廣結善緣。不過交朋友可以，合作創業恐怕還是需要考慮。愛情的運作，以退為進是理想的策略。健康運並不理想，宜降低應酬的機率，出門在外接觸群眾，口罩戴好戴滿。

03月 運勢★：家庭的重要事務，稍安勿躁為宜。「理所當然」的思維是自己人互動的忌諱。將生活焦點擺放在輕鬆的生活上，宜安排遊樂與聚會。愛情運勢頗佳，女士們更是理想，正緣星氣勢明顯值得掌握。

04月 運勢★：愛情運依舊理想，有愛人的多愛一些，其餘天蠍則多愛自己。工作運吉凶參半，依照計畫循序漸進為宜，臨時起意的行為避之為吉。水逆期間，宜多留意健康事宜。搬家入宅，事緩則圓。

05月 運勢★：家庭的重要事務，依舊不宜操之過急。姻緣事務，事緩則圓。愛情運佳，不過一切如常為宜。然而貴人氣息依舊明顯，並且就在身邊，廣結善緣就從尊重身邊小人物開始。工作運頗佳，機會出現了先掌握再說。

06月 運勢★：偏財運有了太歲星的照拂，氣勢變得活絡起來，由於

家庭運與之共振，因此是購屋置產理想時機點。不過投資求財宜謹慎，階段獲利機會務必掌握。工作運依舊自在，宜著手斜槓學習的安排。

07月 運勢★： 家庭重要事務，如搬家、入宅、修造等，避之為宜。家人之間的溝通，宜避免情緒的干擾，合作事務也是如此。創作與新事業的出發，宜順勢而為。偏財運頗佳，商務買賣與業務行銷都值得努力。

08月 運勢★： 謹言慎行，是職場上的建議，重大抉擇與異動，避之為宜。壓力是健康殺手，同時也是愛情殺手，愛情世界宜避免情緒勒索。工作運頗佳，聽話照做，依照計畫行事，沒有策略是理想策略。

09月 運勢★★： 眼見不一定為憑，機會出現了，先檢視再說。投資求財更是如此，追錯標的，買錯部位，不利荷包內容。人多的地方不要去，這個時候出現的豔遇或是投資機會，莫動心為宜。

10月 運勢★： 水象大三角開啟了本月序幕。學習是本月絕佳旺運策略，學習如何理財與投資，有利財富的營造。商場上的重大投資，稍安勿躁為宜。人云亦云，是投資求財的大忌諱，也是合作事務洽商的忌諱。

11月 運勢★： 壓力一定要獲得釋放，多觀照自己的心。謹慎理財，商場上的重大抉擇避之為宜。將生活焦點擺放在家庭布置上，布局好風水除了可以舒療，還可以提升家庭運勢。

12月 運勢★： 歲末年終，到了趕業績的時候，天蠍們只要加把勁，業績可望提升，不過先決條件是找到合作的人。唯一不宜趕業績的就是愛情了。投資求財宜謹慎，只因為正財運與偏財運都不理想。

水星提供靈活的能量，放慢腳步品嘗人生

細細品嘗過人生了嗎？是否曾經用心感受過那些生活中心靈的觸動？放慢腳步對於人馬座而言並不容易，用心體驗與品嘗生活更不容易。這一年，體驗了，品嘗了，就幸福了！

流年運勢

2024年的第一天，水星在人馬座恢復順行，開啟了人馬新年序幕。而年底的第四次水逆也發生在人馬座，從11月25日到12月15日，年初一個，年尾一個，道道地地的有始有終。

水星的運行成為了人馬們在2024年最需要的觀察，只因為對於行動派的人馬而言，2024年將會是個很難大刀闊斧的一年。任何重大的變動或異動，都需要深思熟慮與仔細規劃，以免掛一漏萬。不過水星卻提供了靈活的空間與能量，這一年人馬們有機會放慢腳步，細細品嘗生活中千變萬化的美，許多細微的驚豔是過去不曾發生的，就在生活中的點點滴滴。

這一年不適合遠行，勢在必行的離家，也要隨身攜帶好家的溫暖。只因為，這一年最值得多逗留的地方是家，這一年中最幸運的地方也是家，因此人馬們不妨學會窩居。也因為如此，2024年最值得完成的就是構築一個有旅行感的家，將山的綠、海的藍、外地的風帶回家，營造屬於人馬的自在與恬適，這是個幸福的流年。

事業運勢

工作運勢不但十分理想，同時也具備了改變的條件。不論是改變思維，改變工作模式，改變企業營運方向與策略，改變工作環境或跑道，還是……這些變化都將發生在上半年，值得人馬們掌握並順勢執行，那是因為有太歲星的加持。5月26日之後太歲星將會進入合作宮位，這個時候反而要謹慎面

對合作事宜。

財利運勢

　　小富靠儉，大富靠險。險財運頗佳，人馬的2024財富很難積沙成塔，商務買賣與業務行銷雖依舊值得努力，不過需要運用活潑的策略，製造吸睛亮點，否則容易辛苦無成。投資求財運十分理想，策略以短線靈活為宜，危機入市，見好便收。投資標的的選擇宜以生活、智能電動車、高股息、食品等概念股為佳。

情緣運勢

　　戀愛的成功一定就是走進婚姻嗎？自然是未必，因為戀愛過程中不但了解自己選擇的對象，也可以讓自己更知道自己，畢竟讀懂自己是件不容易的事。對於人馬2024年的情緣運而言，就是如此。不過整體而言，這一年的愛情容易結出果實。其餘人馬也可以和自己談一場戀愛，那就是多愛自己，成就自己。

健康運勢

　　健康是最大的財富，也是最值得投資的投資。健康運是理想的，因為守護星在流年關鍵星盤中的健康位置，接收到改變的磁場，近似決心式的能量，讓想瘦身的可以如願以償，讓想調整體質的有了成效，讓想改變生活習慣的成功達成，讓想健康更健康的則找到了貴人專家協助。不過這些願望與行動最好在上半年積極展開，因為變數容易出現在5月26日之後，9月1日之後會更加明顯。

幸運顏色：紅色、白色與棕色
幸運物 ：黑曜石、硨磲、瑪瑙
幸運數字：8、1、6、7及其組合
吉利方位：西北方、正北方與東北方

人馬座流月運勢

運勢較為理想的月份：1、2、3、5、6、7、11與12月。

01月 運勢★★：家庭運勢十分理想，新年新希望是什麼？購屋、換屋、重新裝潢布局？還是多留時間和家人相處？家在哪裡，好運就在哪裡！布局好風水，家的能量多強，這一年的運勢就有多牛。

02月 運勢★：工作運頗優，機會出現了先掌握再說。家庭運也十分理想，這是調整家庭磁場與氛圍的好機會。由於金錢宮一起共振，因此有利購置房產。不過人際關係就要謹慎面對了，事緩則圓，人緩則安。

03月 運勢★：人際關係的運作，依舊是本月的重要功課。只因為，不協調的磁場會直接影響工作運，以及整體情緒和心情。本月宜將生活焦點擺放在家庭的布置上，以及多陪家人，家運提升了，不協調的能量就轉移了。

04月 運勢★：人馬們本月的重點功課是情緣和投資事務，只因為受了今年第二次水逆的影響。情愛的話慢慢說，投資求財之舉步步為營，家人的互動需要更多的愛與關懷。幸運的是，工作運勢依舊理想，該落實的趕緊落實。

05月 運勢★：愛情運的陽光出現了，幸福指數也提升了。投資求財也是如此，短線運作有利可圖。工作運依舊理想，只不過攸關日後運勢旺衰的重要抉擇，還是稍安勿躁為宜。君子之交淡如水，金錢事務量力而為。

06月 運勢★：自己人好說話，千萬別給這句話給矇了。家裡的事只聽不說，伴侶的事關心加呵護，夥伴的事想了再說，合作的事下月再說。整體而言，這是個吉利的月份，從焦點擺放在工作上默默耕耘開始。

07月 運勢★：如同上月，生活焦點繼續擺放在工作上默默耕耘為宜。商場上的合作事務值得開始規劃，不過財利事務還是宜回歸現實面，談不攏千萬不要開始。家庭和愛情運依舊理想，投資求財有利可圖。

08月 運勢★：本月不利嫁娶，情緣事務也先行放下。家庭的重要事務，避之為宜。不宜遠行，同時也需要留意「車關」事務，酒後不開車，疲勞更不宜駕駛。工作事業上的變化與異動，能緩則緩，仔細思考為宜。

09月 運勢★：和傻子爭道理，你就是傻子。生活就該避開負能量的人，爭上下與高低就更不需要了。跟隨天星風箏，認真工作，努力賺錢，誠懇交朋友，構築快樂的家，飛向陽光，陰暗將被拋在腦後。

10月 運勢★★：水象大三角舒緩了人的紛爭困擾，就從回歸到自我的價值上。人云亦云是最大的忌諱，因人設事的情況，更是不應該發生。合作事務的洽商，能暫停最好。人多的地方不要去，為了避開口舌是非和破財。

11月 運勢★★：上帝關了一扇門，將會開啟另一扇窗。本月天星結構十分不理想，人際、健康、財運、內心乍看之下十分不平靜。仔細觀察後將會發覺星空中出現了一封來自「上帝的信」，前述的不平靜反而成為了本月最為吉利的部份。

12月 運勢★：人馬之月展開序幕，一年一次的當家作主值得珍惜。雖然整體磁場並不理想，不過由於財利運勢頗佳，因此將生活聚焦在商務買賣與投資求財上，賺到了錢，就化解了天星負能的干擾。

布置清新好風水的家，
是興旺家業的絕佳策略

恭喜山羊！賀喜山羊！2024是個轉大運的流年，終於有機會放下山羊特質，扮演追求更高生命價值的經營者，經營未來20年的「財富翻騰期」。

流年運勢

20年是什麼樣的概念？

根據專家研究，人的一生的生命旋律是由5個20年所譜成。分別是求學期、事業期、分身乏術的忙碌艱難期、逍遙自在期和健康養生期。求學期，金錢無法自主；事業期和忙碌期，則是時間無法自主；養生期，健康無法自主；至於逍遙自在期，是一切都可以自主的20年。正在閱讀此篇文章的山羊是在哪一個20年期呢？

冥王星在山羊座待了約20年，將於2024年11月20日正式離開山羊。這是一種如釋重擔的寫照，同時也是生命中20年期的轉變。即將過去的20年，是山羊們的「天將降大任期」，而下一個20年則是「財富翻騰期」，就從11月20日開始。

只不過在流年關鍵星盤中，「謹慎理財」卻會是2024年山羊們的重要課題。而舒緩的關鍵點出現在家庭場域，因此顧家又成為了另一個重要的流年課題，因為這是個典型的「破財年」。如此看來，這一年肯定要為家人和自己布置個擁有清新好風水的家，而購屋置產則是既可破除「破財運」，又可興旺家業的絕佳策略。

事業運勢

職場壓力將會隨著冥王星的轉移而出現紓解，只不過此種好光景只維持到5月1日，而又將會以9月2日至10月11日之間，壓力最為沉重。如此這般的

流年，有必要安排學習的課程，可以是專業學習，更可以是修身養性或休閒育樂的學習。工作運會以下半年為佳，5月26日關鍵轉移日，不過宜速戰速決，只因為10月9日到明年2月4日之間容易出現力不從心的變數。

財利運勢

謹慎理財，是2024年必須的提醒，只因為財利運勢進入了極大的震盪磁場中，寧可曲中求，不可直中取。商務買賣與業務行銷依舊值得努力，只不過需要搭配借力使力的策略。合作、代工，讓專家業者和自己一起發財。投資求財宜以短線為主要策略，紡織、網通、銀行、食品、晶圓代工等是理想的財富標的。

情緣運勢

愛情運十分理想，這是個甜蜜的一年，愛的故事和美麗的邂逅容易獲得流傳。單身適婚並且想婚的山羊，丘比特的箭就別再閃了。只不過此種好運勢將會在5月26日之後轉移，接下來就容易因為工作而有心無力。機會的磁場出現在交友與學習的場域，因此勤於參加朋友聚會，也有機會在學習的過程中結識理想的對象。已有伴侶的山羊，上半年盡情享受彼此的甜蜜。

健康運勢

健康運並無大礙，上半年順遂如意，下半年之後就需要謹慎以對了，尤其是10月9日之後到年底，避免過勞，外出口罩最好戴好戴滿。比較需要留意的是壓力的問題，精神壓力如果得不到紓解，容易造成不可逆的傷害，馬虎不得。而紓解的方式卻很簡單，那就是近郊踏青，以及和朋友唱歌聊天。

幸運顏色：紫色、墨綠與銀色
幸運物 ：橄欖石、白水晶與墨翠
幸運數字：6、1、8、7 及其組合
吉利方位：東北方、正北方、西北方

山羊座 布置清新好風水的家，是興旺家業的絕佳策略　　251

山羊座流月運勢

運勢較為理想的月份：1、2、5、7、9、10與11月。

01月 運勢★★：關心朋友，就等與關心自己。將生活焦點擺放在廣結善緣上，容易開啟一個貴人滿分，如意順遂的新年。隨著人緣風箏飛翔，友情、愛情與親情指數都容易獲得提升。

02月 運勢★★：愛情運勢佳，貴人能力也強，再加上本命運勢更佳理想，這是個超級幸運的月份。桃花舞春風，同時也舞動山羊們的人緣磁場，農曆新年宜多向貴人祝福，幸運指數更容易躍升。

03月 運勢★★：謹慎理財，尤其是投資求財方面，看不清楚寧可靜觀其變，宜提防國際財經出現變數。人多的地方不要去，冒險的運動避之為宜，捐錢可以應驗破財消災的天星現象。

04月 運勢★：今年第二次水逆出現在家庭宮位，居家重要事務避之為宜，搬家移徙事務更是忌諱。不過幸運的是，貴人磁場十分明顯，引動了財利與愛情運勢，因此積極廣結善緣就有機會化危機為轉機。

05月 運勢★：重大投資謹慎為宜，購屋置產之舉稍安勿躁。幸運的是，貴人磁場依舊明顯，也繼續引動愛情與投資能量，情場與商場都容易如意順遂，就從積極廣結善緣開始。

06月 運勢★：健康運並不理想，調整作息以免招惹無形殺手 —— 過

勢。工作運勢雖然理想，但千萬要給自己保留迴旋的空間，檢視煞車系統，避免衝過了頭，壞了事業和友情。

07月 運勢★： 生活的多樣化雖然不容易，不過讓自己擁有喜悅的心情，卻也不困難。這個月有必要將生活焦點擺放在休閒遊樂上，合作投資的事務玩夠了再說。不要和自己過不去，許多事情眼不見為淨。

08月 運勢★★： 這個世界沒有絕對，只有相對。偏財運不理想的本月，學會放下，不強求反而容易成為贏家。沒事少出門，勢在必行請戴好口罩。謹言慎行，只因為言多必失。

09月 運勢★： 永遠記住別人的好，那麼身邊就永遠都會有貴人圍繞。慢活是一種意境，慢半拍則是一種謹慎，火星釋放負能的本月，不疾不徐是絕佳開運策略。安排旅遊，享受秋高氣爽，9月的天空是美麗的。

10月 運勢★： 人脈月。土象大三角開啟了山羊們大利經營人際關係的序幕，聚焦在廣結善緣，啟動積累貴人的喜悅，工作上的鳥氣就不足為奇。健康養生也是如此，安排健康檢查，獲得正確的調理資訊。

11月 運勢★： 上帝稍來了一封信，信中內容關心的是山羊們的整體運勢，提供了情緣和人緣好能量。不過需要提醒的是，放寬心盡情享受上帝的賜予。工作也是如此，真相和山羊想的不一樣。

12月 運勢★★： 成也貴人，敗也貴人。在沒有充分認識之前，人的互動最好保留迂迴的時間與空間。退一步海闊天空，忍一時風平浪靜。不爭一時，爭千秋。心平氣和，健康容易得到維護。

廣結善緣，
提升自己的人緣能量

248年一次的盛事，2024年出現在寶瓶座。對於寶瓶座而言，這是未來20年的人生新旅程的開始，雖然壓力不可避免，不過成就肯定會超出想像。

流年運勢

冥王星兩進兩出寶瓶座之後，將於11月20日第三次進入寶瓶，而從此展開20年的寶瓶旅程，這也是一種革命性的旅程。對於寶瓶座而言，這是人生新旅程，對於整個世界而言，則是容易出現革命性的變化。

對於寶瓶而言，出現在2024年的首要課題是如何認識真實的自己，以及調整自己。千萬不要懷疑，冥王星大轉移之年，來來回回的氣場讓寶瓶們陷入自我價值的迷思狀態。冥王星逆行所引起的挫折，在順行的時候獲得了重新修復，然而自我矛盾就這樣悄然地出現。

第二個課題，是不要過於在乎別人的眼光和聲音。雖然不容易，不過還是值得努力，隨時提醒自己是在為自己而活，真實面和內心世界的牴觸就算不了什麼了。然而，這股衝突還是有機會舒緩化解的，其關鍵點在於交友與學習的宮位。廣結善緣，做好周遭的人際關係，提升自己的人緣能量，則不但矛盾獲得舒緩，貴人能量也同時將驟然提升。

整體而言，2024是寶瓶座的壓力測試年，而測試的成功與否，完全掌握在寶瓶自己手中。換言之，未來20年如何發展，2024年如何化阻力為助力，關鍵貴人就是寶瓶座自己。

事業運勢

重新點燃，對於寶瓶的事業而言，2024將會是個機會豐沛的一年，只不過冥王星所帶來的內外交戰與壓力交織，寶瓶們需要的不只是努力，同時需

要有「重新點燃」的動力。就為自己安裝一個靈敏度超強的Restart（重新開始）按鈕吧！企業寶瓶，請思考事業革命性變化的方向。一般寶瓶，則需要多元學習，以及向向日葵學習，學會隨時轉念永遠面對陽光。

財利運勢

穩健的金錢運，讓寶瓶們在為事業奮鬥的時候，完全沒有後顧之憂。由於家庭運十分理想，並且出現了與金錢運共鳴的現象，因此這是個理想的購屋置產年。此種穩健的能量來自於正財運，企業寶瓶有機會整頓財務，一般寶瓶則可獲得加薪的機會。投資求財的部份，則是以穩定的標的為先，如儲蓄型與存股概念標的，用定期定額的方式，選擇高股息ETF、金融股等標的。

情緣運勢

一體兩面，2024年的情緣十分尷尬，單身適婚而想婚的寶瓶是幸福的，因為可以成家立業，不過對於已然有伴侶的寶瓶，可就不是如此了。學會聆聽，更要學會關懷，然後再學會陪伴，一起感受生活的喜悅，只因為僵持的因子已經被流年給事先存入程式中。家庭運超級理想，最美的意境就是一起構築與布置溫暖而恬適的家。

健康運勢

健康在後疫情時代備受重視。對於寶瓶而言，最需要留意的健康問題不在於身體，而是心理，說穿了，就是壓力。自我期許成長的壓力，大環境競爭的壓力，職場小人暗傷的壓力，人際關係互動的壓力，這些壓力需要獲得舒緩，否則極容易成為健康殺手。養生和正常作息也十分重要，因為過勞的現象也隱藏在事業宮位，一個不小心就容易累過了頭。

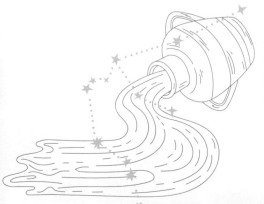

幸運顏色：紫色、墨綠與銀色
幸運物 ：橄欖石、白水晶與墨翠
幸運數字：6、1、8、7 及其組合
吉利方位：東北方、正北方、西北方

寶瓶座流月運勢

運勢較為理想的月份：1、2、5、6、7、9、10與11月。

01月 運勢★★：新年新氣象，新年新挑戰。貴人磁場十分明顯，本月大利積極廣結善緣。財利運勢頗佳，只因為天星風箏飛向金錢宮，商務買賣與業務行銷加把勁讓正偏財一起發。家庭運亦佳，大利布局好風水和購置不動產。

02月 運勢★：寶瓶之月，展開序幕。財利運頗佳，商務買賣與業務行銷只要按部就班就有利可圖，股市投資以區間為宜。家庭運勢同步理想，因此大利購屋置產之舉。不過人際關係互動，還是需要謹言慎行。

03月 運勢★★：謹慎行事，因為這是個諸事不宜的月份。尤其是事業職場和家庭的重要事務，稍安勿躁為宜。妥善管理情緒，遇到事情不疾不徐，不慍不火。幸運的是，財利運勢頗佳，宜將生活焦點擺放在如何賺錢上。

04月 運勢★：今年第二次水逆，發生在寶瓶的交友宮，代表的是謹言慎行，以及交通安全宜多用心思，疲勞千萬不要駕駛。幸運的是，家庭運勢頗佳，搬家、入宅、移徙與購屋都適宜順勢執行。

05月 運勢★：這是居家氣息濃厚的月份，只因為九大行星中的八顆行星聚集在流月的第一象限與第二象限之間，這個時候絕佳旺運策略就是廣結善緣，尤其是身邊的朋友們。家庭運依舊理想，重要事務可擇吉執行。

06月 運勢★：愛神的箭已經射向寶瓶，人對了，就不應該猶豫。投資求財運雖佳，但震盪宜出貨，不宜追逐。家庭運與金錢運都理想，因此購置田產有賺頭。本命氣勢佳，自信心是自己給的。

07月 運勢★：健康運並不理想，作息飲食宜正常，沒事多休息。家庭運佳，重要吉事可擇吉執行。財利運勢也理想，商務買賣與業務行銷值得加把勁，股市投資宜以高科技類股為標的。

08月 運勢★：水逆來了，今年的第三個水逆，出現在寶瓶的偏財位，提醒寶瓶們投資求財宜謹慎，商務買賣安步當車為宜。事業上的合作事務，緩緩再說。愛情事務，也是如此，價值觀不同就該放生。

09月 運勢★：強摘的果不甜，強求的緣不圓。愛情運勢不理想，隨緣就好。商務買賣與投資求財皆宜謹慎，只因財利運不佳。不過轉個念，天星風箏出現了，放下身段隨風飛翔，順勢而為，反而有利可圖。

10月 運勢★：工作運頗佳，事業運也獲得了正向的共振，再加上財利運勢也理想，這是辛苦有成的寫照。家庭運更是理想，偏財星加持大利購屋置產。愛情運需要提醒，放下就是解放自己。

11月 運勢★：先處理心情，再處理事情，尤其是事業職場的事情。冥王星引導的風箏，正在幫寶瓶們宣示20年大運的啟動就在本月，乘風而起，想飛才會高飛。

12月 運勢★：第四次水逆發生在人脈宮位，人多的地方不要去，不怕口舌，只怕破財。幸運的是，貴人運依舊明顯，用心廣結善緣，回應的將會是心想事成。

雙魚座（02月22日～03月20日）

貴人滿滿的一年，
機會就在生活中

美夢成真，心想事成，雙魚們的2024是精彩的，同時也是豐富的。只不過夢想和現實之間仍需要調和，幸運的是冥王式的能量，成為了幸運流年的票房保證。

流年運勢

理想和現實無法並存，真的嗎？

是的，在現實生活中本來就是二分法，就像「魚和熊掌無法兼得」一樣。不過，黑格爾的哲學理論卻認為，人生本來就是這兩種型態的結合。事實上這是很多成功人士的心路歷程，那就是「為了實現偉大的理想，才刻意選擇現實」。亦即理想和現實結合之後的第三種選擇，而此種現象就出現在雙魚們的2024流年關鍵星盤中。

冥王星在雙魚座的「理想宮位」與處於「現實宮位」的太陰星對峙，位於「金錢宮」的太陽釋放出合相磁場，調和了理想和現實對峙的衝剋相，而此種天象就是典型的心想事成。如此看來，雙魚們的2024是個很有金錢味道的流年。整體來說，雙魚們的2024是幸運的，「本命宮位」三星匯聚，並且接收到來自「人緣宮位」的太歲星（木星）的合相祝福，可見2024同時也是貴人滿滿的一年，而這些貴人就在雙魚們的身邊。

5月26日之後此種貴人能量將會進駐到雙魚們的家庭，屆時開大運的就是家庭運勢，成家立業的機會出現了。值得提醒的是，所有的重要事務最好在10月9日之前完成。

事業運勢

成功是借力，不是盡力。事業行星飛臨「朋友宮」，同時接收到土星和金星合相加持看來，雙魚們2024的事業運是靈活的，同時也是充滿合作能量

的。企業雙魚在大步往偉大夢想邁進的同時，別忘了靈活運作的魅力。一般雙魚，貴人就在身邊宜珍惜，學習很重要，機會就在生活中。

財利運勢

金錢味道濃厚的2024，財利運勢是順遂而穩健的。而有意思的是，讓雙魚發財致富的不是財運多好，而是貴人運多棒。對於商務買賣與業務行銷而言，業績與財富信手拈來，對於一般雙魚就要靠投資策略了。2024年的投資策略是短線靈活運作與區間併用，標的宜以具未來發展與成長型為佳，另外成衣、運動用品、航運、穿戴型等概念股，也是值得關注的標的。

情緣運勢

據說真正的愛情，很安靜，不張揚。街頭熱吻的情侶很激動，但滿頭白髮牽手漫步的老人卻很感動。2024年關鍵星盤中愛情行星處於安靜狀態，而丘比特的箭還在弦上，愛情處於兩眼相望心靈相通的境界。這一年多愛自己和愛自己的愛人，真正的愛容易默默出現，值得雙魚體驗發掘。

健康運勢

有多久沒有和自己對話了？在努力愛世界，努力愛家人，愛別人的時候，有沒有想到要多愛自己？2024年的健康運並不理想，而問題就出在忘記多愛自己。無形的壓力需要獲得釋放，就從開心的事情開始。學習可以開心，也可以開運。自我沉澱、靜坐和冥想，則是壓力獲得釋放的開始。

幸運顏色：芥末綠，葡萄紫、香蕉黃
幸運物　：綠幽靈、紫水晶、黃金虎眼石
幸運數字：1、8、3、4及其組合
吉利方位：正東方、東北方、東南方

雙魚座流月運勢

運勢較為理想的月份：1、2、3、5、6、7、10與11月。

01月 運勢★★：正財和偏財同時起飛的現象，開啟了2024年的新氣象。一年之計在於春，好的開始就是成功的一半，如此看來，雙魚們的2024的確是個充滿金錢味的一年。家庭運與財運共振，這是大利購屋置產的寫照。

02月 運勢★：穩健的磁場持續發酵，貴人能量也十分明顯，順著桃花舞春風的氣場，祝賀龍年將會積累更多的貴人籌碼。不過還是得謹慎理財，尤其要避開情緒性消費的機會。

03月 運勢★：本月諸事不宜，尤其是職場事業與家庭的重要事務，避之為吉。幸運的是，四星匯聚在金錢宮，太歲星提供了合相磁場，財利運勢頗佳，宜將生活焦點擺放在投資求財上。

04月 運勢★：謹慎理財，只因為今年第二次水逆發生在雙魚的金錢宮。幸運的是，本命運勢依舊理想，人脈磁場也十分活絡，大利積極廣結善緣。事業上的異動，稍安勿躁為宜。

05月 運勢★：財利運勢頗佳，而幸運之神也在眷顧，商業買賣與業務行銷值得努力，買張彩券提供幸運之神表現的機會。貴人磁場依舊活絡，積極參加朋友聚會積累貴人籌碼。

06月 運勢★：太歲星進入了家庭宮位，化解了土星的刑剋，對於家運的提升具有莫大的助益。家運好了，事業運也容易好轉。貴人能量還是十分活絡，抱持學習的心結交新朋友，開拓新人脈。

07月 運勢★：貴人運勢依舊理想，學習的機會出現了就該掌握。愛情運勢也理想，人對了，就不該猶豫。投資求財運亦佳，設妥區間，就線論線，確實執行多賺少賠。

08月 運勢★：健康磁場不佳，養生事宜多用心。攸關家運旺衰的重要事務，稍安勿躁為宜。事業職場上的合作事宜，也需要謹慎以對，即便不適當，不愉快，也不出惡言。

09月 運勢★：這是吉凶交參的月份。雖然家庭運並不理想，不過本命與人脈運都十分理想，因此不妨將生活焦點擺放在交朋友上。而學習的磁場也活絡，即便一場簡單的讀書會也容易積累人脈。

10月 運勢★：家庭方面的重要事務，還是稍安勿躁為宜。另外，職場上的合作案件，謹慎面對，能緩則緩。幸運的是，水象大三角開啟了行動好能量，坐而言不如起而行。走出家庭，迎接好運勢。

11月 運勢★：本月不宜遠行，攸關未來運勢旺衰的重要抉擇，也避之為宜。不過一封來自上帝的信，開啟了事業、人脈與家庭的好運能量。面對陽光，就見不到陰暗。

12月 運勢★：歲末年終，最適合進行檢視的動作，並且為即將到來的新年做好計畫。幸運的是，人脈能量十分活絡，生活焦點擺放在交朋友與學習方面，事業職場上的壓力容易獲得紓解。

2024龍年開財運賺大錢

作　　者－陶文
主　　編－林菁菁
企　　劃－謝儀方
封面設計－楊珮琪、林采薇
封面攝影－吻仔魚攝影工房李國輝
內頁設計－李宜芝

總 編 輯－梁芳春
董 事 長－趙政岷
出 版 者－時報文化出版企業股份有限公司
　　　　　108019　臺北市和平西路3段240號3樓
　　　　　發行專線／（02）2306-6842
　　　　　讀者服務專線／0800-231-705、（02）2304-7103
　　　　　讀者服務傳真／（02）2304-6858
　　　　　郵撥／19344724時報文化出版公司
　　　　　信箱／10899臺北華江橋郵局第99信箱
時報悅讀網－http://www.readingtimes.com.tw
法律顧問－理律法律事務所 陳長文律師、李念祖律師
印　　刷－勁達印刷股份有限公司
初版一刷－2023年11月3日
定　　價－新臺幣520元
（缺頁或破損的書，請寄回更換）

2024龍年開財運賺大錢/陶文著. -- 初版. -- 臺北市 : 時報文化出版企業
股份有限公司, 2023.11

ISBN 978-626-374-399-1(平裝)

1.CST: 生肖 2.CST: 改運法

293.1　　　　　　　　　　　　　　　　112016034

ISBN 978-626-374-399-1
Printed in Taiwan